슬기로운
언어생활

슬기로운 언어생활

ⓒ 김보미 2021

초판 1쇄	2021년 11월 12일
초판 6쇄	2023년 10월 27일

지은이   김보미

출판책임	박성규	**펴낸이**	이정원
편집주간	선우미정	**펴낸곳**	도서출판 들녘
기획이사	이지윤	**등록일자**	1987년 12월 12일
디자인	하민우·고유단	**등록번호**	10-156
편집	이동하·이수연·김혜민	**주소**	경기도 파주시 회동길 198
마케팅	전병우	**전화**	031-955-7374 (대표)
경영지원	김은주·나수정		031-955-7381 (편집)
제작관리	구법모	**팩스**	031-955-7393
물류관리	엄철용	**이메일**	dulnyouk@dulnyouk.co.kr
		홈페이지	www.dulnyouk.co.kr

ISBN   979-11-5925-669-1 (43700)

인문
교양
037

슬기로운
언어생활

김보미

푸른들녘

"언어에는 성스러운 면도 있지만, 개구쟁이 같은 면도 있다."

사회학적인 관점에서 언어를 분석한 『거리의 언어학』이라는 책에 이런 설명이 나옵니다. 모든 언어에는 그것을 사용하는 사람들끼리 꼭 지켜야 한다고 약속한 규칙—맞춤법처럼—이 있습니다. 욕설, 비속어 대신 올바른 말을 써야 한다는 믿음도 있죠. 법칙에 어긋난 말은 보통 잘못됐다고 생각합니다.

그렇지만 우리가 일상에서 쓰는 언어 가운데엔 문법이나 맞춤법에 맞지 않는 단어와 문장이 자주 등장합니다. 일부러 틀린 말을 재미의 요소로 가져와서 장난치는 데 사용하기도 하고요. 소통을 위한 수단인 '언어'는 약속을 마음대로 어기거나 함부로 바꾸면 뜻이 통하지 않아 불편함이 생기는 게 사실이에요. 하지만 사람들의 기쁨과 노여움, 슬픔, 즐거움을 담아내는 말과 글이 오차를 허용하지 않는 수학 공식이나 공식적인 발표처럼 언제나 틀에 딱 맞는 모양일 수는 없습니다. 언어를 '성스럽지만 짓궂다'라고 표현한 건 사람들의 다양한 감정, 시대와 사회의 상황까지 담는 그릇이라는 의미일 겁니다.

어른들은 어느 시절에나 10대 청소년들이 '이상한 말' '나쁜 말' '외계어'를 쓴다고 걱정해왔지요. 하지만 성인이라고 언제나 올바른 언어생활을 하는 것도 아니에요. 저 역시 메신저 대화창에는 '초성체'가 넘쳐납니다. 파괴된 한글의 잔해도 여기저기 보이네요. '나이에 맞지 않는' 청소년들의 신조어나 비속어를 쓸 때도 있습니다. 소셜미디어에서 발견한 새로운 수식어와 추임새가 신기하고 재밌어서 친구와 대화하다가 써보고 싶어지기도 해요. 제가 어릴 때 자주 썼던 신조어나 유행어 대부분은 이제 말하기도 민망한 '옛말'이 되어버렸거든요.

사람들의 모습이 바뀌고 생각과 가치관이 변하면 언어도 달라집니다. 예전에는 '신박하다'라고 생각했던 유행어가 '촌스러운' 과거가 되어 쓸모를 잃고 사라진 것처럼요. 한 자리에 머물지 않고 세상과 시대에 적응하는 힘이 언어의 생명력이라고 생각합니다.

지금 우리가 쓰는 언어는 어떤가요? 하루에 몇 명의 사람과 이야기를 나누는지 생각해보세요. 그중 직접 만나서 대화하는 경우도요. 요즘은 하루에 한마디도 하지 않아도 생활할 수 있습니다. 온라인으로 연결된 스마트폰만 있다면 어디에 있든지 화면을 통해 문자로 친구와 수다를 떨 수 있지요. 휴대전화를 보느라 정신을 빼앗겨도 엘리베이터가 "1층입니다"라며 도착을 알려주고, 식당에서는 말없이 키오스크 버튼만 누르면 주문과 계산을 끝낼 수 있습니다. 가족과 대화하는 방식도 달라져서 한집에 있어도 각자의 방과 거실에서 메신저로 저녁 메뉴를 물어보기도 해요. 반대로 멀리 떨어져 살아도 옆에 있는 것처럼 항상 말을 주고받기도 합니다.

기술이 발전하면서 소통의 방식은 빠르고 간편하며 편리해졌습니다. 그런데 눈과 눈을 마주하지 않은 채 대화하는 우리는 정말 서로의 이야기를 잘 듣고 있는 것일까요?

상대와 얼굴을 보지 않고 이야기하는 세상이 되면서 날카롭게 날을 세우거나 듣는 사람에게 상처를 주는 언어가 많아졌다고 합니다. 맞춤법 검사에서 오류는 나오지 않았어도 타인을 아프게 하고 차별하는 언어라면 그것은 틀린 말이 될 수 있습니다. 문법이 정확해도 일부러 누군가가 알아듣지 못하게 하거나 폭력을 가하는 말이라면 화려한 어휘를 동원해 아무리 솜씨 좋게 말해도 잘못된 언어지요.

이런 세상에서 어떻게 하면 슬기로운 언어생활을 할 수 있을까요? 책을 읽으며 각자의 방법을 찾아내면 좋겠습니다.

"맞춤법이나 제대로 알고 쓰세요."

소셜미디어에 올린 글이나 사진 밑에 댓글로 이런 말이 달리면 괜히 머쓱해서 창피한 기분이 듭니다. 한편으로는 '그깟 맞춤법 가지고 시비를 거나' 하며 화가 나기도 하고요. 말하고 글을 쓸 때마다 문법에 딱딱 들어맞는, 올바른 언어만 쓰는 사람은 없을 거예요. 그런데도 이런 지적을 받으면 '뜨끔'하게 됩니다. 왜 그럴까요?

맞춤법은 같은 언어를 사용하는 사람들이 서로 뜻이 통할 수 있도록 고심하여 만든 규칙입니다. 사회의 가장 기본적인 약속이지요. '맞춤법도 모르면서…'라는 말 속에는 이런 작은 원칙도 지키지 못한 사람이라는 시선이 들어 있어요. '틀렸다'라는 소리를 듣고 창피함을 느끼는 것은 이런 이유일 겁니다.

'이 표현은 표준어인가?' '말 줄임표 이렇게 쓰는 게 표기법에 맞나?'

맞춤법을 일일이 확인하고 어휘를 골라가며 대화하는 경우는 많지 않습니다. 메시지를 보낼 때, 댓글을 쓸 때, 친구와 전화할 때는 더욱 그렇죠. 같은 상황이라도 외국어라면 문법도 생각하고 자연스러운 표현인지, 격식에 맞지 않는 단어는 아닌지 고민해볼 테지만 한국어는 그렇게까지 할 필요는 없지요. 모국어이니까 떠오르는 대로 언어로 옮기면 열에 아홉은 맞는 표현이잖아요. 하지만 사소한 오타가 큰 후폭풍을 불러올 수도 있습니다.

'할아버지 가방에 들어가신다.'

'아이를 엎고 갔다.'

띄어쓰기와 받침 하나가 의미를 완전히 바꿔버리는 예시로 자주 등장하는 두 문장입니다. '방에 들어가려던 할아버지'를 잘못된 띄어쓰기로 가방에 넣어버렸죠. 아이를 '등에 업고' 잘 데려가는 대신 엎어치기로 괴롭히게 되고요.

외국어와 달리 한국어로 말할 때 시간을 들여 고민하지 않는 건 아마도 '근거 있는' 자신감 덕분일 거예요. '어떻게 말해도 뜻은 통할 것이다!' 실제로 모국어로는 크게 노력해서 말을 만들어내지 않아도 무엇이든 표현할 수 있습니다. 단어나 문법이 틀려도 얼마든지 의미는 전달됩니다. 요즘은 일부러 재미있게 쓰려고 '오타 맞춤법'을 따르기도 합니다.

인터넷 기술이 발전하고 온라인이라는 세상이 등장하면서 이제 대화를 하는 데 공간과 시간의 제약은 없습니다. 스마트폰을 비롯해 실시간으로 연결될 수 있는 다양한 환경들이 만들어졌어요. 세상이 달라진 만큼 우리가 말하고 쓰는 언어의 모습도 변화하고 있습니다.

손으로 글씨를 적어 편지를 보내는 일은 거의 사라졌습니다. 컴퓨터 키보드와 휴대전화 자판을 눌러 소통하는 시대가 되었기 때문이지요. 예전엔 내가 하고픈 말을 전달하고 상대의 대답을 듣기까지 며칠에서 몇 달, 몇 년이 걸리기도 했어요. 이제는 실시간으로 빠르게 응답해야만 하는 일이 많아졌습니다. 속도가 중요해지니 줄임말을 넘어 초성체가 등장하고 자주 잘못 입력하는 오타마저도 새로운 언어가 됩니다. 틀렸지만 맞는 말이 되는 셈이네요.

온라인에서는 현실보다 언어생활이 자유롭습니다. 빨리 쓸 수 있다면 초성으로만 단어를 써도, 받침은 생략하고 소리 나는 대로 문장을 만들어도 괜찮습니다. 게다가 '나'라는 존재를 숨길 수 있어서 표현을 더 과감하게 할 수도 있지요. 나이가 든 어른도 젊은 사람들이 쓰는 신조어를 맘껏 말해도 눈치가 보이지 않습니다. 점잖고 인자한 이미지가 무너질까 봐 문법에 맞는 올바른 말만 했던 사람도 욕설을 섞어 말하기도 하죠. 온라인의 익명성이 자유로운 언어생활을 열어주었어요.

그래서일까요? 언어라는 '약속'을 지키지 않아도 된다고 생각하는 사람이 늘어난 듯합니다. 온라인에서만 쓰던 오타와 신조어가 이제는 현실의 중요한 문서나 공적인 자리의 발표에서도 등장합니다. '한글 파괴'라는 현상도 이전보다 많아졌다고 해요. 틀려도 맞고, 언어 유희의 해방감도 커지니 맞춤법이 잘못됐다는 사실조차 잊어버린 것은 아닐까요? 아니면 언어생활의 기본 규칙도 기억하지 못하게 된 것일까요?

오타의 '재미'는 맞는 말을 알고 있어야 느낄 수 있는 자유로움입니다. '일해라절해라.' 남의 일에 간섭한다는 의미로 쓰는 이 표현이 신선하고 기발한 신조어가 되려면 '이래라저래라'라는 표현의 언어유희인 것을 알아야 합니다. '1도 없다.' 한국어를 잘 몰랐던 외국 출신 연예인이 '하나도 없다'라는 말을 잘못 쓴 이 신박한 표기법도 올바른 말을 모른다면 재미있는 유행어가 될 수 없었겠지요.

예전보다 글을 읽고 쓰는 것을 어려워하는 청소년들이 많아졌다고 합니다. 뜻을 제대로 알고 있는 단어의 수도 줄었다고 하고요. 동영상이 책보다 익숙하고 글보다 이미지가 편한 세대라서 그렇다는 분석도 있습니다. 사실 문자는 여러 가지 언어 중에 가장 다루기 힘든 방식이에요. 그림이나 소리와 같은 추가 정보의 도움 없이 오직 문자라는 기호에 미리 정해둔 약속을 풀어 뜻을 이해해야 하거든요. 스스로 생각하고 상상하며 해석하는 힘이 필요한 것이죠.

사람과 얼굴을 보며 말하는 일이나 긴 글을 주고받으며 소통하는 일이 예전보다 줄어든 환경도 영향이 클 거예요. 컴퓨터나 스마트폰과 같은 기계를 통해서 소통하면 한 글자, 한 글자 정성껏 쓰지 않아도 자동완성 기능이 알아서 문장을 완성해주기도 하죠. 음성을 문자로, 또 문자를 음성으로 바꾸는 프로그램이 등장하면서 예전보다 덜 말하고, 덜 써도 대화할 수 있습니다. 앞으로 인공지능이 사람의 말을 더 많이 배우면 사람의 언어생활도 훨씬 편리해질지도 모르겠어요. 단어를 몰라도 알아서 생각을 말과 글로 바꿔주지 않을까요?

언어는 사회를 담는 그릇이라고 합니다. 사람들의 모습과 생각이 달라지면 언어도 달라집니다. 자주 쓰는 단어와 감탄사만 봐도 어느 시대에 어떤 사람들이 한 말인지도 맞출 수가 있어요. 예를 들어 '캡' '짱' '찐' '킹' 중에 무엇을 쓰는지만 봐도 연령대를 알 수 있잖아요?

같은 사람이라도 상황에 따라 언어가 달라지기도 해요. 누구와 어떤 자리에서 무슨 내용으로 대화를 나누었는지에 따라서요. 학교에서 발표하거나 회사의 공식 회의에서는 문법에 맞춰 올바른 말을 씁니다. 다소 딱딱한 말투로 들리지만, 신뢰감을 줄 수 있으니까요. 친구와 장난치며 농담할 때는 신조어나 유행어를 쓰고 가끔은 욕이 섞이기도 해요. 그래도 기분이 상하기는커녕 더 친해졌다는 생각이 들지요. 숙제할 때 쓰는 어휘로 사랑하는 사람에게 전하고 싶은 마음의 언어를 표현할 수는 없지요. 같은 한국어라고 해도 1921년과 2021년의 표현 방식은 매우 다르고요.

언어는 시간의 흐름과 함께 조금씩 변화하고 있습니다. '틀린 말'도 사람들이 많이 사용하게 되면 '맞는 말'로 바뀌기도 합니다. 그렇다고 올바른 언어의 규칙을 지키지 않아도 된다는 의미는 전혀 아니에요.

재미를 위해서, 편리하다는 이유로 사회의 '약속'을 소중히 생각하지 않는다면 모국어인 한국어도 제대로 하지 못하고 '0개 국어'를 하는 자신을 마주하게 될지도 모릅니다. 분명 한글로 된 책인데 이해를 잘 못하는 학생들도 있습니다. 한국어로 조합된 신조어인데 뜻을 추측하는 걸 영 어려워하는 어른들도 있고요. 마음과 생각을 나누기 위해서 정해놓은 약속이 언어인데 같은 말을 쓰는 사이에서도 통하지 않

는 말. 언어가 제 기능을 하지 못하고 멈추어버린 건 아닐까요? '언어'
는 생각과 느낌을 표현하고 전달하는 음성과 문자 등의 수단을 뜻합니
다. 그 음성과 문자를 쓰는 사회에서 오랫동안 지키고 있는 약속을 쉽
게 깨버리고 너도나도 지키지 않는다면 그 '언어'는 기능을 하지 못하
고 오히려 소통을 막는 걸림돌이 되어버리고 맙니다.

오늘 하루 여러분의 언어생활은 어땠나요? 친구의 메시지에 답변으
로 썼던 줄임말의 원래 맞춤법을 알고 있나요? 유튜브에서 자주 쓰는
유행어가 어디서 시작된 것인지 설명할 수 있나요? 화가 나서 갑자기
튀어나온 욕설의 정확한 의미는요?

슬기로운 언어생활을 위해서는 언어를 사용하는 사람들의 노력이
필요합니다. 우리가 쓰고 있는 말과 문자가 정말 서로 잘 통하는 '언어'
로 쓰이고 있는지 지금부터 같이 생각해볼까요?

1장

세종대왕은
화를 내실까?

> # 한국어가 파괴되고 있다?

이따 종삼 올영 앞서 봐

ㅇㅇ 점 먹을 거야?

ㄴㄴ 방금 편도 먹음

편도?

편의점 도시락 ㅋㅋㅋ

ㅇㄴ 별다줄...

ㅇㅈ

친구와 만나자는 약속을 하며 주고받은 메신저 대화입니다. 의식하지 못했는데 대부분 줄임말이나 문법을 알 수 없는 언어를 쓰고 있었네요. 그래도 친구가 알아듣지 못하는 말은 '편도' 하나뿐이었습니다. 회사에서도 '점약'(점심 약속) '칼퇴'(칼퇴근) 같은 말을 자주 쓰고요. 앞에서 예로 든 메신저 대화 내용이 이해되지 않는 분들을 위해 해석은

뒤쪽에 실어둘 테니 책을 조금 더 읽어보세요.

줄임말을 비롯한 신조어, 은어는 시대마다 등장했다가 사라집니다. 지금은 유행이지만 시간이 조금 지나면 촌스러운 옛날 말이 되기도 해요. 어른들은 맞춤법과 문법에 맞지 않는 데다가 언어의 원래 형태까지 바꾼 이런 말들이 한국어를 파괴한다고 걱정합니다. 하지만 이렇게 말하는 그 어른들 역시 어린 시절엔 말을 줄여 쓰거나 은어를 만들어 사용했어요. 30~40년 전의 언어생활도 지금이랑 크게 다르지 않았던 거예요. 언론에서도 매년 한글날이 되면 '한국어가 파괴되고 있다'고 반복해서 보도하고, 나름대로 문제의 원인과 해결 방법을 분석했는데, 이런 모습도 지금과 비슷합니다.

회사원 박모 씨는 초등학교 6학년 딸이 쓰는 언어를 보고 입을 다물지 못했다. 생전 보도 듣도 못한 단어들이 도무지 무슨 말인지 이해할 수 없었기 때문이다. 국어 교사인 한모 씨가 교육현장에서 느끼는 언어 파괴 수준은 더욱 심각하다. 학생들이 제출한 과제물에서 철자법에 어긋나는 표기가 갈수록 늘고 있다는 것이다. "학생들 대부분이 소리나는 대로 표기하는 것에 익숙해져 맞춤법에 혼돈을 일으키고 있는 것 같다. 컴퓨터통신 인구가 늘어날수록 이런 현상은 더욱 심해질 것이다."

어법을 무시한 학생들의 언어 습관이 한국어 고유의 문법 체계마저 위협하고 있다는 내용의 기사입니다. "중학교 1학년 최모 군이 대화방에서 다른 사람들에게 모르는 말의 뜻을 물었다가 원시인 취급을 받았다"라는 인용 구절도 나옵니다. '원시인'이라는 말이 어딘가 예스럽지요? 1999년 10월, 지금으로부터 22년 전에 작성된 기사라서 그럴 거예요. 하지만 내용은 오늘 날짜의 신문이라고 해도 이상하지 않을 만큼 똑같습니다.

당시에는 어떤 유행어들이 언어 파괴의 증거로 소개됐을까요?

'방가'(반가워) '글쿤'(그렇군) '암나'(아무나) '마저'(맞아) '시러'(싫어) 'BJR'(배째라)… 맞춤법과 상관없이 소리 나는 대로 표기하는 습관은 이미 시작됐네요. '떨'(멍청이) '깔'(이성친구) '백까리'(백댄서)처럼 어른들은 도무지 뜻을 알 수 없는 은어도 있습니다. 지금까지 쓰는 말도 있고 생소한 단어도 섞여 있네요.

"청소년들의 언어에 국적 없는 말들이 많아진 데는 방송 등 대중매체의 영향이 적지 않다고 전문가들은 지적한다." 기사는 이렇게 원인을 분석하며 끝이 납니다. 유튜브와 웹툰, 인터넷 커뮤니티에 등장하는 말을 무분별하게 따라 쓰는 요즘 청소년들의 언어생활에 문제를 지적한 최근 기사들과 다르지 않지요. 10대와 20대가 사용하는 말에는 언제나 어른들이 보기에 이상한 말이 존재했던 것입니다. 훨씬 전 과거에도 그랬을까요?

젊은 세대의 언어는 어떠한가. 현대문명에서 소외당하여 허무와 갈등으로 헤매게 된 대학생 사회의 말 속에는 은어와 비어와 세상을 야유하고 기성세대를 조소하는 말로 가득 차 있다. '아더메치' '웃긴다' '골빈놈' '형광등' '왕창' '까뭉기자' '끝내준다' 이런 웃지 못할 말들인 것이다. "친애하는 큰아버지 무고하십니까? 나는 요즘 만사 오케이입니다"라는 식의 편지를 쓰는 학생도 있다. 경어법이라는 전통적 미풍양속도 무너지고 있는 것이다.[2]

1978년 8월 신문에 실린 기사입니다. 제목이 '혼탁한 강물 헤쳐온 우리말'이에요. 제목만큼 비장하게 현실에서 젊은 세대가 사용하는 말에 우려를 나타냈는데요. 웃어른에게 "만사 오케이"라고 안부를 묻는 건, 지금이라면 선생님이나 부모님이 묻는 말에 채팅창에서 'ㅇㅋ' 혹은 'ㅇㅈ'이라고 답하는 상황과 비슷할 거예요. '웃긴다' '왕창'을 올바르지 않은 단어라고 지적한 것도 신기하죠.

줄임말인 '아더메치'는 어떤 의미를 담고 있을까요? '아니꼽고 더럽고 메스껍고 치사하다.' 상사가 부당한 지시를 했지만 어쩔 수 없이 해야 하는 상황을 설명하거나, 사회의 부조리를 비웃으며 푸념하듯이 쓰던 말이라고 합니다. "정말 아더메치야. 그렇지만 어쩌겠어?" 나중에는 '유치하고 지겹고 징그럽다'까지 붙여 '아더메치유지징'이라는 말도 유행했다고 해요. 줄여쓰기가 무색할 정도로 긴 단어네요. '형광등'이라는 단어는 요즘 말로 하면 '뒷북치는 사람' '반응이 느린 사람'입니다. 예전에는 형광등 스위치를 켜면 불이 들어오는 데까지 시간이 한참 걸렸거든요.

예나 지금이나 젊은이들은 새로운 말을 만듭니다. 어른들은 뜻을 알수 없는 단어처럼 요즘 세대도 이해하기 어렵다며 혀를 끌끌 찹니다. 요즘 말로 한다면 '할많하않' 아닐까요? 할 말은 많지만 하지 않겠다!

줄임말의 오랜 전통

최근 신조어에는 유독 줄임말이 많습니다. 줄여쓰기의 장점은 무엇일까요? 우선 편해요. 적게 말하고 적게 써도 되니까요. 대화 시간도 절약됩니다. 자주 쓰는 말을 줄이면 효율성은 더 높아집니다.

경제적으로 사회가 무척 힘들었던 시절에 전 국민이 동참했던 '아나바다'라는 캠페인이 있었어요. '아껴 쓰고 나눠 쓰고 바꿔 쓰고 다시쓰자'는 문구를 줄인 것인데요. 다 함께 절약해야 다시 잘 살 수 있다는 분위기와 더불어 '아나바다'라는 줄임말도 재미있었기에 많은 사람이 캠페인에 동참했답니다. '아나바다'는 그 시절을 상징하는 단어가되었고요.

요즘 등장한 말 중에 '복세편살'이라는, 속담 같기도 하고 고사성어같기도 한 문구를 보면 저는 과거의 '아나바다'가 생각납니다. 배우 박성웅 씨가 팬에게 응원의 메시지로 해준 말이라는 "복잡한 세상 편하게 살자"라는 한 마디에 현재의 한국 사람들이 왜 공감했을까요? 힘든 일도 많고 경쟁도 치열한 시대에 속 끓이며 걱정하지 말고 차라리 단순하게 생각하는 것이 도움이 된다는 말에 위로를 받았다고 생각해요. 스트레스를 받고 싶지 않은 마음을 잘 표현한 데다 마치 구호처럼 '복세편살' 한 마디로 줄인 재미있는 언어에 호기심을 갖는 것은 당연합니다.

줄임말을 풀어보면 이렇게 시대가 보이는 경우가 많아요. 또 세대가 보이기도 해요. 1970년대 '청맥통'이라는 말은 대학생들의 문화를 상징했어요. '청바지, 맥주, 통기타'를 뜻하는데 청바지를 입고 통기타를 치며 맥주를 마시며 20대를 보내는 것이 그 시절의 낭만이었기 때문이에요. "커피는 얼죽아(얼어 죽어도 아이스 아메리카노)야"라거나 "누가 뭐

1970년대 청춘 문화의 아이콘인 청바지와 통기타.

래도 얼죽코(얼어 죽어도 모직코트)지"처럼 그 말을 하는 사람들을 세련되고 특별하며 '힙'하게 느껴지게 만들기도 합니다.

한국 사람들이 '빨리빨리'를 좋아해서 줄여 쓰는 말이 많은 것 아니냐고요? 아니에요. 말 줄여 쓰기는 여러 언어에서 나타나는 공통적인 습관입니다.

'App'(앱)이라는 영어의 명사가 있습니다. 전 세계 공통어처럼 사용되지만 이 단어는 'Application'(애플리케이션)을 줄여 쓴 것이죠. 'ASAP'(에이셉)도 한국 노래 제목으로 등장할 만큼 많이 쓰는 영어 관용구입니다. 원래 말은 'As Soon As Possible'(가능한 한 빨리)로 무엇인가 부탁하거나 답변을 요청할 때 덧붙이는 말인데요, 워낙 자주 써서 그런지 줄임말이 더 익숙해요.

한국어에서는 친구가 많고 적은 사람을 '인싸' '아싸'라는 줄임말로 표현하잖아요? 영어에도 똑같은 줄임말이 있습니다.

'FOMO'(포모)와 'JOMO'(조모)라는 단어예요. 인사이더를 뜻하는 'FOMO'는 'Fear Of Missing Out'의 앞글자입니다. 해석하면 '아싸가 되는 것을 두려워하는 심리'라고 할 수 있죠. 원래 마케팅에서 쓰던 말이라고 해요. '매진 임박' '한정수량' '이번이 마지막 세일' 이런 문구를 보면 놓치면 안 되는 마지막 기회처럼 느껴져서 당장 물건을 사게 됩니다. 소비자 마음을 움직이는 이런 전략을 의미했던 단어가 요즘은 '인싸'가 되지 않으면 사회에 뒤처졌다고 생각하는 불안감을 나타내는 말로도 쓰입니다.

반대로 '아웃사이더'라는 의미의 'JOMO'는 'Joy Of Missing Out'의 앞글자만 딴 줄임말이에요. 남의 시선이나 사람들과의 관계를 생각하기보다는 내가 하고 싶은 걸 하는 즐거움이 더 중요한 사람들입니다. 원하는 걸 할 수 있다면 혼자라도 상관없으니 '아싸'가 되는 걸 두려워하지 않는 것이죠.

이번에는 일본어를 보겠습니다. 한국어의 '취뽀'와 똑같은 '就活'(しゅうかつ·슈카츠)이라는 단어를 예로 들어볼게요. 이력서, 필기시험, 면접, 영어 성적 등 스펙을 준비하는 건 '취업 뽀개기'를 위한 것이죠? 일본어로 '就職活動'(취직활동)이라고 하는데 일본 청년들도 '취뽀'처럼 이런 준비를 '슈카츠'라고 줄여 부릅니다.

영어에서 온 일본 줄임말도 많아요. 편의점을 뜻하는 일본어 '콘비니'(コンビニ)는 영어 'convenience store'(콘비니언스 스토어)의 일본식 발음을 가타카나로 바꾼 줄임말입니다. '가성비'라는 뜻의 '코스파'(コスパ) 역시 '가격'을 뜻하는 영어 단어 'cost'(コスト)와 '실적' '성과'를 뜻하는 영어 'performance'(パフォーマンス)를 합친 줄임말이에요. 일본식 발음 그대로 '코스토'와 '파포만스'를 줄여 '코스파'가 됐습니다.

줄임말의 흔적은 한글이 창제되기 훨씬 전, 한반도 역사에서도 찾을 수 있습니다. '논 답'(畓)은 벼를 심는 논을 뜻하는 한자인데 신라에서 처음 등장한 단어라고 해요.[3] 당시 한자는 동아시아의 공통어여서 말은 달라도 기록을 남길 때 사용하는 글은 같았습니다. 백제와 당나라의 경우 논을 나타낼 때 '물 수'(水)와 '밭 전'(田)을 차례로 쓴 '수

전'(水田)이라는 단어로 기록했는데 신라만 두 문자를 위아래로 합친 '논 답'(畓)을 썼다고 해요. 한자 버전의 줄임말인 셈이죠. 신라가 지금의 경상남도 창녕 지역을 점령하고 세운 창녕 진흥왕 척경비에 이 글자가 남아 있는 것이 가장 오래된 기록입니다. 진흥왕 22년, 즉 561년에 만든 비석이에요. 1500년 전 신라 사람들에게도 지금 한국 사람들처럼 '빨리빨리'의 유전자가 있었던 것일까요?

“

가성비 좋은 대화 방식

시작할 때 나왔던 대화를 이제 해석해보겠습니다.

👤 이따가 종로3가 올리브영 앞에서 봐.

> 응, 너 점심은 먹을 거야?

👤 아니, 방금 편도 먹었어.

> 편도?

👤 편의점 도시락 ㅋㅋㅋ

> 아놔, 별걸 다 줄인다...

👤 그치? 나도 그렇게 생각해.

친구랑 종로3가에서 만나자고 하는 똑같은 내용이지만 말을 줄이고 풀어서 쓸 때의 차이점을 알아볼게요. 해석본이 총 100자(문장 부호 포함)로 이뤄져 있는데 비해 줄임말은 총 67자로 끝납니다. 33개 글자를 절약했습니다. 더 적은 단어로, 더 빨리 대화가 진행된 것이죠.

　직접 만나서 대화할 때는 굳이 말을 길게 하지 않아도 큰 문제가 없습니다. 눈빛과 몸짓, 표정만 봐도 상대방의 의도를 알 수 있으니까요. 하지만 스마트폰에서 메신저로 이야기할 땐 작은 화면에 오로지 글자로 모든 의도와 표현을 전달해야 합니다. 자판은 엄지손가락보다 작고 손가락으로 자판을 누르는 속도에는 한계가 있지요. 그래서 주고받는 말을 암호처럼 만들어 쓰기 시작한 거예요. 이렇게 하면 입력할 글자 수가 줄어 대화의 속도가 빨라지니까요.

　최근 신조어 가운데 줄임말이 많은 것은 메신저 대화를 자주 나누는 요즘 사람들의 언어생활 덕분입니다. 스마트폰 대화의 '가성비'를 좋게 하려다 보니 너 나 할 것 없이 줄임말에 적응하게 된 것이지요. 간결하게 말이 오갈수록 짧은 시간에 더 많은 내용을 공유할 수 있으니까요. 작은 화면 속 더 작은 자판을 누를 때 말을 빨리 하려면 글자 수가 적으면 적을수록 좋지 않겠어요?

　초성만 써도 뜻이 통한다면 가장 효율적입니다. 'ㅇㅇ' 'ㅇㄴ' 'ㅇㅋ'는 더 줄일 수 없는 데까지 줄여 쓴 것이지만 사람들은 더 간편했으면 좋겠다고 생각했어요. 그래서 이모티콘이 등장합니다. ♥♡(하트), ✊(손가락), >_< -_- ㅠ_ㅠ 0_0 등등 처음에는 숫자와 부호를 조합해 만들기 시작했는데 지금은 글자 자판을 누를 필요도 없어졌지요. 상황과 감정을 설명하는 그림과 영상을 통째로 보낼 수 있게 되었거든요. 드라마나 영화, 유명한 동영상의 장면을 딴 '짤'을 만들어 저장해두고 쓰거

사용자의 감정을 표현해주는 여러 가지 이모티콘.

나 돈을 내고서라도 나의 기분을 가장 잘 표현하는 이모티콘을 삽니다. 요즘엔 이모티콘 구독 서비스까지 즐길 수 있습니다. 이모티콘이야말로 스마트폰 시대에 최적화된 줄임말이 아닐까요?

가벼워지는 '말의 무게'

휴대전화 메시지로 대화하는 게 새로운 문화가 된 직후 연인 사이에서 종종 일어났던 싸움이 있습니다. "어떻게 내 말을 그렇게 성의 없이 들을 수가 있어?" "나랑 대화하는 게 귀찮은 거야, 지금?" 상대를 화나게 한 답변 메시지의 정체는 'ㅇㅇ'입니다. '응' '어' '알았어'도 아니고 이응만 두 개. 당시 사람들에게 초성체는 귀찮고 성가신 사람에게 마지못해 보내는 메시지였던 거예요.

'ㄱㄱ?' 'ㅇㅇ'
'ㅇㅈ?' '어 ㅇㅈ'

지금은 익숙해져 아무렇지도 않지만 아직도 이런 방식을 낯설어하는 어른들도 있습니다. 때로는 더 깊은 대화를 나누고 싶어 하는 사람의 말문을 막아버리기도 해요. 나는 뭔가 더 이야기를 하고 싶은데 상대방이 초성체로 답을 해버리면 '흠, 이게 뭐지? 나랑 더 이야기하고 싶지 않다는 건가?' 싶은 순간이 오거든요. 즉각적이고 빠른 대화가 편해지면 길게 말하기가 귀찮아지기도 하죠. 줄임말이 빈번해질수록 길고 깊은 대화의 기회는 줄어드는 것입니다.

2000년대 초반까지 저는 시간이 날 때면 타자 게임을 했습니다. 글자가 화면 위에서 아래로 떨어져 없어지기 전에 오타 없이 자판을 치면 점수를 얻는 건데요. 타자속도를 높이는 연습이었죠. 적어도 1분에 800~900자 정도는 칠 수 있어야 사람의 말을 놓치지 않고 기록할 수 있었거든요. 지금은 녹취 앱이 있어서 녹음 파일만 있으면 간단하게 문자로 옮길 수 있습니다. 일하기 편해졌지만, 예전만큼 상대의 말에 귀를 기울여 듣지 않는 경우도 생기더라고요. '나중에 녹취를 풀면 되니까' 하는 마음이죠.

예전에는 부모님들이 외출하면서 냉장고나 식탁 위에 메모지를 붙여두곤 했습니다. 주로 '할머니 댁에 다녀올 거야. 밥은 장롱 속에 묻어두었다. 챙겨 먹어' 같은 내용이 적혀 있었어요. '엄마 영희네 있다'라는 쪽지가 대문에 붙어 있기도 했고요. 집에 돌아와서도 몇 시간 뒤에야 메모지를 발견하고는 그제야 엄마가 어디 갔는지 알게 되는 경우도 많았지요. 전학 간 친구에게 쓴 편지는 며칠이 걸려 도착하기도 했고요.

내가 하고 싶은 말을 상대방이 받아들기까지 시간이 오래 걸렸던 시절에는 한 번 메시지를 보낼 때 이런저런 고민이 많았습니다. 쓴 글을 다시 읽어보며 빠진 이야기가 있는지, 맞춤법은 맞는지 살피고 또 살폈죠. 쓰인 글이 생각과 달라서 종이를 찢어버리고 다시 쓰는 적도 많았고요. 길고 길어진 편지 끝에 아직도 할 말이 남아서 'p.s'('Post Script'의 줄임말로 추신이라는 뜻)를 붙이기도 했습니다.

　하지만 이제 상황이 완전히 달라졌어요. 채팅창에 입력한 메시지를 친구가 언제 읽었는지 알 수도 있고, 읽은 걸 확인한 즉시 실시간 대화도 나눌 수 있습니다. 언제든 보낼 수 있고 반응도 빠르니까 답하기도 쉽습니다. 종이 한 장에 말을 꾹꾹 담아 보냈던 예전과 비교하면 자판에 입력하는 글은 짧아진 길이 만큼이나 내용의 무게도 가벼워졌다는 느낌이 드네요.

냉장고는 종종 메모판의 역할을 했다.

신조어의 뜻을 알려주지 않는 이유

줄임말은 말하는 속도를 빠르게 하려고 만들죠. 그런데 '편도'처럼 친구가 알아듣지 못하면 '편의점 도시락'이라고 설명하는 시간이 더 걸립니다. 그럼 애써 줄여 놓은 것도 소용 없는 걸까요?

10대, 20대 사이에서 유행하는 말에는 줄여 쓰기만 있는 게 아니에요. 은어, 비속어, 외래어 등 다양합니다. 젊은이들은 왜 굳이 새로운 말을 만들까요? 한국어를 쓰는 사람도 알아듣지 못하는 한국말을 말이죠.

학교에서는 선생님을 학생들끼리만 아는 별명으로 부르며 장난을 칩니다. 어른들이나 기성세대가 모르는 말을 공유하면서 아이들은 묘한 연대감과 같은 또래라는 소속감을 형성합니다. 앞에서 봤던 '아더메치'도 아니꼽고 더러운 기성세대의 행동을 비판하는 말이었는데, 반항심이 드러나지 않고 혼나지 않도록 암호화시켰다고 볼 수 있습니다.

1970~80년대 유행했던 '특공대' '옥떨메'라는 단어가 있습니다. 부

모님께 물어보면 "오랜만에 듣는다"라고 반가워하다가 "어디서 그런 말을 배웠냐"라며 혼을 낼지도 모르겠네요. '특별히 공부 못하는 대가리'를 줄여서 '특공대'입니다. 친구에게 '넌 머리가 나빠'라고 놀릴 때 썼던 단어이지요. '옥떨메'는 '옥상에서 떨어진 메주'의 줄임말이에요. 생김새를 가지고 장난칠 때 사용했는데 못생김을 표현하는 방식이 무시무시하네요. 비속어가 포함되지는 않았지만 결국 욕이나 마찬가지인 단어들이죠. 말을 줄이니 욕인 듯, 욕은 아닌 듯한 신조어가 됐습니다. 요즘 '눈치 없는 새x'를 줄여 '눈새'라고 하는 것처럼요.

이럴 때 줄임말은 일종의 은어, 숨겨진 언어입니다. 알아듣는 사람만 웃을 수 있고, 놀림을 당하는 사람은 알아듣지 못할 수도 있어요. 한국어이지만 의미를 알 수 없도록, 우리끼리만 통하는 언어를 만든 것입니다. 오래전부터 반복되는 일인데도 어른들이 새삼스럽게 이런 습관은 나쁜 것이라며 혼을 내는 데엔 이유가 있습니다. 누군가를 욕하고 상처를 주는 말이기 때문입니다. 예전 어른들도 그랬고, 원래 아이들은 재미로 그런 말을 쓴다고 아무리 변명해도 소용없습니다. 친구를 놀리고 또래에 끼워주지 않으려고 폭력처럼 쓰는 말을 올바르다고 할 수는 없어요. 게다가 지금 10대가 새로 만들어내는 언어의 수위는 과거보다 훨씬 셉니다.

'기똥차다' '딴따라' '스타일 구겼다' '안다스탠'(영어 'understand'을 한국어 발음으로 읽은 것)

'모른다스탄' '알랑방구' '양아치' '깡다구' '작살나다' '꼰대' '뗑깡' '삥
땅' '삼천포로 빠지다' '속도위반'….

1977년 방송에서 사용이 금지된 비속어와 은어를 몇 가지 나열해봤
습니다. 일본어나 외래어도 포함돼 있고 맞춤법과 표기법을 무시하고
재미로 만든 말도 있죠. 당시 드라마나 개그 프로그램에서 흔히 등장
한 표현들이에요. 지금은 오히려 방송에서 대사뿐 아니라 자막으로 자
주 보이는 단어도 있습니다.

시대에 따라 언어가 변하듯이 말을 받아들이는 사람의 감수성도 달
라지는데 특히 거친 말은 강도가 점점 세지는 경향이 있어요. 처음에
는 과격해 보여도 익숙해지면 아무렇지 않아지니까요. 70년대 금지어
와 요즘 인터넷이나 동영상에 등장하는 청소년 어휘와 비교하면 어느
쪽이 더 거칠다고 느껴지나요? 차별의 언어, 욕설의 말도 점점 강해지
고 있습니다. 한때 지나가는 유행어라고 해도 언어가 상처를 주는 도구
가 되어서는 안 됩니다.

신조어 2021년ver.

　지금 모두가 사용하는 유행어가 10년 뒤에는 얼마나 남게 될까요? 2005년과 2006년에 생겨난 938개 말을 조사했더니 2015년에 신문이나 방송에서 1년 중 한 번이라도 등장한 단어는 250개뿐이었다고 합니다. 10개 중 7개가 없어진 거예요. 신조어의 절반(51.8%)은 바로 다음 해부터 사용 횟수가 급격히 줄어서 10번도 등장하지 않았다고 합니다. 흘러가기 때문에 '유행'인 걸까요? 한때 새로웠던 줄임말과 은어도 금방 사라지고 마는군요.

　신조어의 흥망성쇠는 언어의 역사만큼 오래 반복되고 있습니다. 그런데도 최근 더욱더 문제가 되는 것처럼 보이는 이유는 새로운 말이 소통까지 막고 있기 때문입니다. 2020년 국립국어원이 설문을 해보니 신문이나 방송에 나온 말이 무슨 뜻인지 몰라서 곤란한 일을 자주 겪는다는 사람이 5년 사이 5.6%에서 36.3%로 급증했습니다. 전문 용어(53.3%)와 어려운 한자어(46.3%)도 알기가 어렵지만, 유행어나 신조어

(43.1%)의 의미를 몰라 이해하지 못했던 경우도 꽤 됩니다.

설문 조사가 2015년과 2020년을 비교한 결과라는 점을 생각해보면 코로나19 바이러스가 전 세계적으로 퍼지기 시작한 2020년에는 '팬데믹' '에피데믹' '비말' '교차접종' '변이종' 등 감염 사태와 관련된 학술용어가 예전보다 많이 등장했음을 알 수 있습니다. 사안이 긴급하게 돌아가다 보니 과학과 의학용어를 쉬운 한국어로 바꾸지 못하고 외래어 그대로 사용하기도 했죠.

유행어나 신조어가 모두에게 통하지 않는 경우가 많아진 이유는 무엇일까요? 우선 새로운 말이 등장하는 과정을 한번 떠올려봅시다. 과거엔 유행어의 발상지가 대개 시청률이 높은 방송이나 드라마였습니다.

"영구 없~다." "반갑구만, 반가워요." "있을 때 잘해!" "나는 봉이야~." 1980년대 가장 인기 있었던 KBS 개그 프로그램 〈유머1번지〉에서 썼던 대사입니다. 당시 전국의 어린이들이 따라 할 정도로 유명했죠. 말을 따라서 사용하지는 않아도 남녀노소 누구나 어떤 장면에 등장하는 대사인지는 알고 있었습니다. 유행어가 나오는 프로그램의 시청률은 최소 50%, 소위 대박 난 드라마는 80%까지도 나왔어요. 10명 중 8명이 똑같은 시간에, 똑같은 채널을 틀고, 똑같은 방송을 봤다는 거예요. 그래서 어느 날 갑자기 유행어가 등장해도 대부분 알고 있었어요.

사회적으로 크게 논란이 된 사건을 통해 신조어가 만들어지기도 해요. "탁 하고 치니 억 하고 죽었다"는 말이 있습니다. 1987년 시위하다

붙잡혀 간 대학생이 사망한 '박종철 고문치사 사건'이 있었어요. 기자들이 원인을 묻자 경찰은 "'탁' 하고 책상을 쳤는데 (갑자기 그 학생이) '억' 하고 사망했다"라고 답했죠. 말도 안 되는 변명에 분노한 시민들은 진실을 밝히라며 정부에 더 세게 항의했는데요. 이후로 원인과 결과를 엉뚱하게 연결하는 상황을 비꼴 때 '탁 하니 억 했다'라고 씁니다.

이처럼 예전에는 유행어가 국민 모두 아는 말을 의미했어요. 소식을 들을 수 있는 곳은 TV와 신문뿐이어서 전국 어디서나 거의 비슷한 시간에 똑같은 내용을 공유했기 때문입니다.

요즘은 어떤가요? 재미있고 웃기는 신조어는 지상파 방송보다 유튜브 채널에서 시작된 경우가 더 많습니다. 전 국민이 동시에 같은 프로그램을 보던 시절과 비교하면 그 영상을 본 사람들이 훨씬 적을 거예요. 같은 영상을 봤더라도 시간과 채널이 다르죠. 또래라고 해도 보고 읽는 것이 같을 수 없습니다. 모두 개인화된 알고리즘에 따라 노출되므로 콘텐츠도 갖가지를 즐기게 되지요. 국민의 절반이 함께 보는 방송이 더는 존재할 수 없는 시대입니다. 그래서 신조어나 유행어를 공유하는 사람들도 예전만큼 많지 않습니다. 줄임말은 말을 만들게 된 배경이나 숨겨진 맥락을 알아야 공감하고 이해할 수 있는데 경험이 제각각이니 아무리 유행을 해도 일부만 뜻을 알 수 있지요.

초성체인 'ㅇㅋ' 'ㅇㅇ' 정도는 대부분 알지만 'ㄱㅇㅇ' 'ㅁㅊㄷ' 'ㅈㅅ' 'ㄱㅎ' 등은 모르는 사람이 더 많을 거예요('귀여워' '미쳤다' '죄송' '극혐'). 줄임말 중 '안습' '듣보잡'은 이제 관용어처럼 됐지만 '팬아저' '비담' '자만추' 등은 처음 들었을 때 추론이 쉽지 않습니다('팬이 아니어도 저장할 만한 사진' '비주얼 담당' '자연스러운 만남 추구').

이런 줄임말들의 의미를 이해하려면 스무고개를 하듯 곰곰이 생각해야 합니다. 언제 쓸 수 있지? 누가 누구에게 하는 말이지? 학교에서도 쓸 수 있어? 하나하나 물어가며 정답을 맞혀야 하거든요. 청소년들이 쓰는 말이라고 해서 모든 청소년이 다 아는 건 아닙니다. 평소에 친구들과 이런 어휘로 대화하지 않는다면 모를 수도 있지요. '만반잘부' '삼귀다' 등과 같이 말의 유래를 알기 전에는 도무지 뜻을 이해할 수 없는 신조어가 늘어난 탓입니다('만나서 반가워 잘 부탁해' '사귀기 전 썸 타는 관계').

게다가 요즘 유행어는 말로 할 때 사용하는 어휘보다 채팅창에서 글로 주고받는 어휘가 훨씬 많습니다. 젊은 사람들과 자판을 통해 소통할 기회가 없고 10대나 20대들이 모인 단체 채팅방에 들어갈 일이 없는 어른들에게는 유행어가 전혀 다른 세상의 언어일 거예요.

앞에서 이야기했듯이 어른들이 알아듣지 못하게 일부러 특별한 언어를 쓰려는 의도도 있을 겁니다. 실제로 조사를 해보니 온라인과 소셜미디어에서 많이 쓰는 인터넷 언어를 20대는 뜻도 잘 알고 있고 자주 사용하지만(63.7%) 50대 중에는 이런 말을 쓰는 비율이 20대의 절반(30.1%)뿐입니다. 인터넷 언어를 보며 세대 차이를 느끼는 사람(61.1%)도 많을 수밖에 없어요.[5]

실제로 나이가 어릴수록 스마트폰을 더 잘 활용하며 모바일 기기에 최적화된 언어를 익힙니다. 이 언어는 글자 수를 줄이고 표현을 축소해 입력하기 편한 형태로 발전하고 있고 마침내 어른들이 알아보기 힘든 신조어가 된 것이죠.

은어처럼 줄임말과 신조어를 쓴다고 해도 원래 맞춤법과 문법을 모른다면 어떤 일이 벌어질까요? 'ㅇㅈ'을 예로 들어볼게요. "이번 시험은 정말 어려웠어. 그지?"라는 친구의 말에 "ㅇㅈ"이라고 답할 수 있습니다. 이 대답은 친구이니까 가능해요. 회사에 취직한 뒤 상사가 "이번 프로젝트는 정말 어려웠는데 잘 해주었네"라고 말할 때 "ㅇㅈ"이라고 대답할 수는 없습니다. 초성체를 쓰지 않는다면 무엇이라고 답해야 할까요?

시험이 어려웠다고 하는 친구에게는 "응, 이번 시험은 정말 누가 풀어도 어려웠을 거야"라는 의미로 'ㅇㅈ'을 썼을 겁니다. 상사의 칭찬에 답하려고 했던 'ㅇㅈ'은 "감사합니다. 어려웠지만 많은 도움을 주셔서 잘 해낼 수 있었습니다"라고 풀어서 쓸 수 있겠지요.

초성이든 첫 글자이든 줄여서 쓴 말은 완벽한 문장으로 풀어서도 쓸 줄 알아야 '줄임말'이 됩니다. 생략된 의미도, 올바른 표현도 모른다면 '재미를 위해 줄인 거야'라고 할 수 없지요. 잘못된 언어생활을 하고 있을 뿐입니다.

신박하고 고급진 상품

"디자인도 신박하고 소재도 고급지다. 가성비 진짜 높네. 이 믹서기를 안 살 이유가 1도 없어."

여기서 표준어가 아닌 단어는 몇 번 나왔을까요? 짧은 문단에 비표준어가 5개나 포함돼 있습니다. 의미는 통하지만, 사전에 뜻이 실리지 않은 단어들이지요.

표준어는 '모든 국민들이 공통으로 쓸 수 있다'라는 자격을 얻은 말입니다. 국가가 정한 언어 규범에 맞는 언어죠. '교양 있는 사람들이 두루 쓰는 현대의 서울말'이라고 정의하기도 하는데요. 국립국어원에서 만든 표준국어대사전에도 이 해석이 실려 있습니다. 그렇다면 사전에 없으면 다 틀린 말일까요?

'신박하다' '고급지다' '가성비' '믹서기' '1도 없다'

다섯 개의 비표준어는 사전에는 없습니다. 하지만 우리가 의미를 모르는 단어도 없죠. 일상 대화에서도 많이 쓰고요. 소통에 문제가 없으니 틀린 말이라고 하기는 어려울 것 같습니다. 언어는 의사소통을 위한 도구이니까요.

가장 공식적이라고 할 수 있는 표준국어대사전 외에 국립국어원에서 전문가 감수를 받아 뜻을 풀어놓은 국어사전 '우리말샘'이나 포털 사이트 국어사전에서는 비표준어를 검색할 수 있습니다.

'신박하다'를 찾아보니 '새롭고 놀랍다'라는 뜻이라고 해요. '고급지다'는 '고급스러운 느낌이 있다'는 뜻, '가성비'는 '가격 대비 성능의 비율'이라는 문구의 줄임말이네요. '1도 없다'는 '하나도 없다'라는 올바른 말에서 '하나'를 숫자 1로 바꾼 거예요. 한 예능프로그램에 출연한 외국 국적의 연예인이 한국어 맞춤법을 잘 알지 못해 잘못 썼던 것인데 방송 이후 화제가 되면서 유행어가 됐습니다. 과일이나 채소를 갈아서 즙을 내거나 곡물을 가루로 만드는 기계인 '믹서기'는 'mixer'(믹서)라는 영어에 한자 '베틀 기(機)'를 더한 명사입니다. '믹서'만으로 이미 뜻이 완성됐는데 '기계'를 뜻하는 한자가 이중으로 덧붙어 있어요. 표준어는 그냥 '믹서'입니다.

언어의 사용법인 맞춤법은 일상의 모든 변화를 수용하지는 않습니다. 말 그대로 유행어는 유행처럼 번졌다가 사라지기도 하니, 얼마나 많은 사람이 지속해서 새 말을 사용하는지 지켜볼 수밖에요.

'완전 단호박인 줄….' '옳은 말만 하는 이분, 최소 사이다' '고구마

백만 개'

처음 한국어를 배우는 외국인이 사전을 찾아 해석하려면 꽤 헤맬 것 같은 문장들입니다. 단호해서 '단호박'이고, 탄산처럼 시원해서 '사이다', 목에 고구마가 메인 듯 답답해서 '고구마'인데 사전에는 이런 뜻은 적혀 있지 않아요. 한국어를 모국어로 쓰는 사람도 바로 알아듣기 어려운 표현이고요. 영어를 해석하다 보면 분명 전부 아는 단어이고 문법도 어렵지 않은데 의미를 알 수 없는 경우와 비슷하다고 할까요?

언어는 매순간 조금씩 변합니다. 하루 이틀, 한두 달, 1년 사이에는 변화가 느껴지지 않지만, 5년 전 유행어는 어색하고 촌스럽게 느껴져요. 반면 어제 처음 본 단어가 갑자기 문장마다 넣는 추임새가 되기도 합니다. '헐' '대박' '왠열'이라는 말이 그랬습니다. 이처럼 언어는 수시로 생기고 변화하고 사라지기도 합니다. 모든 말을 표준어로 지정하지 못하는 배경이지요. 그렇다고 해서 표준어만이 절대 바뀌지 않는 말이라는 뜻은 아닙니다.

맞춤법을 결정하는 국립국어원은 비표준어가 일상에 정착했다고 생각되면 원래 표준어가 있어도 변한 형태를 표준어로 인정하기도 합니다. 이것을 복수 표준어라고 해요.

'짜장면을 짜장면이라고 부를 수 있게 해달라'는 우스갯소리가 있었습니다. 방송에서 아나운서가 '짬뽕'은 그대로 발음하는데 '짜장면'은 '자장면'이라고 읽었거든요. '볶은 장'을 뜻하는 '자장'은 중국어 '작장'(炸醬)이 원래 어원입니다. 발음을 'zhajiang'으로 표시해요. 1986년

짜장면 vs. 자장면, 소고기 vs. 쇠고기.

국어연구소(현재 국립국어원)는 중국어의 'zh' 발음이 한국어 지읒(ㅈ)에 해당한다며 외래어 표기법에 따라 '자장면'을 표준어로 정했습니다. 하지만 한국에서 1950년대 먹기 시작한 이 음식은 처음부터 '짜장면'이라는 이름으로 팔렸죠. 원조인 '짜장면'이 갑자기 틀린 단어가 되어버린 겁니다. 현실에 맞지 않는 맞춤법을 지키는 사람은 없었어요. 메뉴판에도 모두 '짜장면'이라고 적혔고요. '짜장면'이 당당하게 '짜장면'이라고 불리게 된 건 2011년에야 가능해진 일입니다. 국립국어원은 결국 '자장면'과 '짜장면'을 복수 표준어로 인정했죠.

'소고기'도 과거에는 '쇠고기'만 맞는 말이었어요. '소의 고기'를 줄여서 '쇠고기'가 됐기 때문에 '소고기'는 사투리라고 정의했다가 1988년 복수 표준어가 됐습니다. '삐지다'(삐치다)와 '이쁘다'(예쁘다)도 최근에서야 사람들이 많이 사용했던 비표준어 형태가 복수 표준어로 인정되었어요.

　일을 완벽하게 처리하지 못하고 허둥대면 '어리버리하다'라고 합니다. 익숙한 표현이지만 '어리버리'는 틀린 말이에요. '정신이 또렷하지 못하거나 기운이 없어 몸을 제대로 놀리지 못하고 있는 모양'이라는 뜻의 표준어는 '어리바리'가 맞습니다. 반면 '오지다' '조지다' '개기다' '허접쓰레기'는 비속어처럼 보이지만 사전에 등재된 표준어랍니다.

　내가 쓰고 있는 말은 표준어일까요? 아니면 비속어일까요? 사전이 무조건 정답은 아니지만, 내가 사용하는 언어들을 사전 속에서 찾아보는 것도 좋을 듯합니다.

위대한 자음 키읔키읔키읔

　하루에 키읔(ㅋ)은 몇 번이나 사용할까요? 채팅으로 대화하다가 웃을 때, 메시지에 답할 때, 동영상이나 게시글을 보고 댓글 남길 때. 한글의 자음 가운데 가장 자주 쓰는 하나를 꼽자면 키읔(ㅋ)일 듯합니다. "크크크"라고 웃는 소리를 표현한 'ㅋㅋㅋ'. 보통 키읔을 이렇게 정의하지만 읽는 사람에 따라 다르게 느끼고 다르게 해석하는 신기한 단어이기도 해요. 키읔을 연속으로 몇 개 붙이냐에 따라 세대나 사회적 지위가 보인다는 말도 있습니다.

　ㅋ을 어떤 의미로 쓰고 있나요? 저는 키읔을 한 개만 써서 'ㅋ'라고 답할 때는 '난 별로 그렇게 생각하지는 않는데?'라는 느낌이에요. 두 개를 붙인 'ㅋㅋ'는 'ㅇㅇ'과 비슷하게 '그럭저럭 동의한다'는 뜻이고요. 'ㅋㅋㅋ'은 정말 웃기거나 '정말 그렇다'라고 적극적으로 동의할 때도 씁니다. '어이가 없다'라는 느낌으로 쓰기도 해요. 빵 터질 정도로 재밌어서 정말 '깔깔깔' 웃는 걸 표현할 때는 몇 개인지 알 수 없을 정도의

'ㅋㅋㅋㅋㅋㅋㅋㅋㅋ'를 입력합니다. 여러분은 어떤가요?

언제부터 키읔이 모음 없이 혼자서 완벽한 단어의 역할을 했는지 정확히 알 수는 없어도 한글 키보드 자판이 대중화된 이후라는 건 확실해요. 온라인 게임에서 처음 등장했다는 이야기도 있는데, 팀을 이뤄 대결하는 단체전 게임에서 나왔다는 설이 가장 유력하죠.

같은 편이 된 참가자들이 채팅으로 작전을 짜는 게임에서 유저들은 서로의 플레이를 보며 빠르게 반응합니다. 바쁘게 자판을 눌러 캐릭터에게 명령을 입력하는 동안 가장 한가한 건 새끼손가락이고 그 위치에 있는 'ㅋ'은 유용한 글자였어요. 웃음소리와도 비슷한 키읔을 맘껏 누르며 신나는 기분을 전달한 것입니다. 설득력 있는 추측이죠.

‘ㅎㅎ’‘ㅇㅇ’ 같이 자음만 쓰는 다른 단어도 ‘ㅋㅋ’과 마찬가지로 게임에서 처음 시작돼 일상의 언어가 되었다고 합니다. 그렇다면 초성체의 유래는 인터넷 게임 문화가 형성되기 시작한 1990년대 후반쯤으로 유추해볼 수 있어요. ‘ㅋㅋㅋ’은 20년 넘게 사라지지 않은 유행어라는 지위를 넘어 사람들이 가장 오랫동안 사용하는 초성체라고 볼 수 있겠네요. 한국 문화가 세계에서 인기를 끌면서 ‘ㅋㅋㅋ’을 영어로 바꾼 'kkk'도 같은 의미로 쓴다고 하니 키읔은 정말 대단한 자음입니다.

키보드가 맞춤법을 정하면?

키을 말고도 키보드 자판에서 탄생한 언어는 많습니다. 앞으로는 더 늘어날 거예요. 컴퓨터 사용으로 시작된 키보드 신조어 만들기 현상에 한 몫 하는 것은 스마트폰입니다. 더 빈번하게 말이 생성되는 것을 도와주고 있으니까요. 모니터보다 작은 폰 화면에서 엄지손가락보다 작은 자판을 눌러야 하는 상황이 새로운 언어를 만들게 한 거예요. 입력은 짧게 의미는 최대한 많이 담은 간결한 언어. 문장 길이와 글자 개수를 줄여서 대화의 속도를 높였지요.

'조아' '시러' '아라써' '어떠케' '밥 머거써?'
'생일 추카해' '마니 바꼈다' '둘이 사겼대'

한글을 소리 나는 대로 적은 틀린 맞춤법입니다. 표기법에 맞지 않을 순 있어도 가족이나 친구, 친한 사람과 채팅할 때는 전혀 문제가 없습니다.

'좋아' '싫어' '알았어' '어떻게' '밥 먹었어?'
'생일 축하해' '많이 바뀌었다' '둘이 사귀었대'

맞춤법을 지켜서 쓰려면 겹받침은 자판을 두 번 눌러야 하고 쌍자음은 시프트를 누른 뒤 자음을 입력해야 하니까 시간이 더 걸리네요. 그래서 공식적인 글이 아니라면 한 번이라도 자판을 덜 눌러도 되는 발음 표기법으로 대화하는 경우가 많아졌습니다. 이제는 워낙 익숙해져서 보고서나 기사에서도 이런 오타를 발견하기도 해요. 틀린 맞춤법을 일상에서 더 많이 접하니 무엇이 틀렸는지도 인식하지 못하게 된 것일까요?

'오나전' '고나리' '뭥미?' 자판을 잘못 눌러 오타를 낸 표기법이 유행처럼 퍼져 신조어가 되기도 했어요. '완전' '관리' '뭐임?'을 빨리 쓰려다가 한 번쯤 잘못 쓴 경험은 누구나 있으니 공감되고 재미도 있어서 퍼지게 된 것 같습니다.

야민정음? 이게 머선129

거의 모든 일상을 스마트폰과 함께 보내는 요즘은 하루에 목소리 한 번 내지 않아도 생활할 수 있어요. 게다가 코로나19 감염 사태로 사람과 직접 만나는 활동도 줄어들어 스마트폰이 더 소중한 친구가 됐습니다. 수업도 듣고 공부도 합니다. 작은 화면 안에서 책과 영상을 보고, 음악도 듣고, 친구들과 수다도 떨어요. 밖에 마음대로 나갈 수 없는 시절이라 놀이와 재미도 스마트폰 안에서 더 자주 찾고는 하지요.

'댕댕이' '띵작' '커엽다' '팡인' '윰쾌' '뽀'

눈을 가늘게 뜨거나 글자를 멀리서 두고 쳐다봐야 제대로 보이는 단어들입니다. '댕댕이'를 잘 보면 '멍멍이'가 보이고 '띵작'도 잘 보면 '명작'이 보이죠. '귀엽다' '광인' '유쾌' '부부'도 자세히 보면 나타납니다.

눈을 가늘게 뜨고 자세히 보아야 '보이는' 단어들.

　비슷한 모양의 자음과 모음을 조합해 원래 글자를 바꾼 표기법을 '야민정음'이라고 부르는데요. 야구 갤러리라는 인터넷 커뮤니티에서 창제된 훈민정음이라는 뜻이라고 해요. 독특한 필기 방식이 핵심인 표기법입니다. '롬곡옾눞'은 글자를 180도 거꾸로 돌려서 봐야 '폭풍눈물'이라는 원래 단어를 해석할 수 있어요. 사투리와 숫자를 조합해 읽어봐야 '머선129'라는 단어가 '무슨 일이냐'고 묻는 말인지 이해가 되죠. 암호를 해독하고 수수께끼를 푸는 것 같아 재미있습니다. 이런 말을 어떻게 찾아내는지 신기하기도 해요.

　글자의 생김새나 소리로 놀이를 만드는 것을 언어 유희라고 합니다. 아재 개그 같은 말장난도 있고, 동음이의어로 원래 가진 의미를 비트는 경우도 있어요. 문제를 내보겠습니다.

산속에서 곰을 만났을 때 어떻게 해야 할까요? 정답은 물구나무를 서면 됩니다. '곰'을 거꾸로 보면 '문'이 돼서 열고 나갈 수 있거든요.

세상에서 가장 뜨거운 과일은 무엇일까요? 답은 천도복숭아입니다.

최신판 야민정음보다는 시시하지만 언어 유희의 고전과 같은 예시들입니다. 세종머앟께서는 OF괸경음을 어떻게 생각하실까요?(세종대왕께서는 야민정음을 어떻게 생각하실까요?)

언어 파괴? 언어 유희?

실제로 현실에서 '대한민국'을 '머한민국'이라고 쓰는 사람이 있을까요? 몇 년 전 시민 1000명에게 야민정음을 대화에서 써본 경험이 있는지 물었습니다.[6] 4명 중 1명이 실생활에서 사용하고 있다고 답했어요. 4명 중 2명은 야민정음을 본 적은 있으나 쓴 적은 없다고 했고요. 'ㄱㅅ' 'ㅇㅇ' 'ㅇㅋ' 'ㅈㅅ'처럼 단어의 자음만 쓰는 초성체는 66%가 사용한 적이 있다고 했습니다. 줄임말은 편해서 많이 쓰는 반면에 말로 재미를 추구하는 야민정음은 실제 사용하는 빈도가 훨씬 낮네요.

그렇게 많은 사람이 쓰는 말도 아닌 야민정음은 어떻게 유명해졌을까요? 20대 젊은 세대의 언어생활을 알면 이유를 짐작할 수 있습니다. 앞의 설문에서 20대 응답자는 62%가 야민정음을 일상에서 쓴다고 답했어요. 야민정음을 본 적도 없고 사용한 적도 없는 20대는 8%뿐이었습니다.

어른들은 믠근ㅏㄲ(뭐라고) 하는 건지 이해가 되지 않는 이런 표기법이 한글을 파괴하는 행위이고 아름다운 한국어에 대한 폭력이라고 비판하지만 20대의 생각은 달랐어요. 한글을 창조적으로 재사용한 것이라며 언어 유희는 긍정적인 행동(응답율 70%)이라고 대부분 생각하고 있었습니다. 야민정음과 같이 한때 유행하는 놀이가 한국어를 근본적으로 변형시킬 수는 없다고 보기 때문이에요. 10명 중 6명 가까이(57%)는 일시적으로 유행하다가 없어질 것이라고 답했습니다.

과거에 유행했던 언어 유희 역시 어른들이 걱정하는 것만큼 오래가지 않았어요. 재미를 위해 글자 조합을 바꾸는 놀이가 야민정음이 처음은 아니에요. 한때 대화를 끝내는 인사말로 많이 썼던 'KIN'이라는 단어를 기억하나요? '즐'을 옆으로 눕힌 모습을 알파벳으로 적었습니다. 놀리는 의미가 있어서 썩 유쾌한 인사는 아니었지만 친한 사람들끼리는 자주 쓰고는 했습니다.

기분이 좋지 않거나 싫다는 표현으로 '뷁'이라는 말도 유행했었죠. 의성어 같기도 한 괴상한 표기 방식에 언론에서는 '뷁'을 '외계어'라고 소개했습니다. '야민정음' '급식체' 등으로 이름이 달라질 뿐이지 젊은 이들은 언제나 언어를 재미의 요소로 가져다 썼지요. 어른들이 어렸을 때 유행했던 신조어가 대부분 사라진 것처럼, 지금의 야민정음도 언젠가 아이들은 모르는 말이 될지도 모릅니다. 스마트폰에서 채팅창을 통해 대화하는 횟수가 훨씬 빈번해졌으니 문법을 지키지 않거나, 언어 유희를 즐기는 사람이 많아질 수는 있겠지만요.

손가락으로 눈물을 흘린다

글로 생각이나 감정을 전달하는 건 말보다 어렵습니다. 표정과 분위기로 의미를 추가할 수도 없고 오해가 생겼을 때 바로 풀어줄 수도 없어요. 작은 채팅창에서 주고받는 메시지는 레벨이 더 높습니다. 편지처럼 긴 글도 아니라서 많은 정보를 담지 못하다 보니 읽는 사람의 기분에 따라 뉘앙스가 달라지기도 해요. 의도가 충분히 전달되지 않아 결국 전화를 걸어 설명하기도 합니다.

글씨가 전하지 못하는 느낌과 감정을 담으려고 이모티콘이 생겨났습니다. 입력할 수 있는 도구가 키보드 자판뿐이었을 때는 여러 가지 부호로 표정을 만들었어요. 요즘에는 여러 동작에 음성까지 포함된 화려한 이모티콘이 많지만, 키보드로 만든 부호만 가지고도 안타깝고, 슬프고, 별로라는 감정을 충분히 전할 수 있었습니다.

^^ =) -_- >_< ^^; @_@ T_T

부호로 만든 이모티콘은 지금 보기에는 너무 단순하게 느껴질지도 모르겠습니다. 그래도 여전히 키보드의 부호는 문장을 수식해주고, 지문의 역할을 도맡아 눈웃음을 짓거나 땀을 흘리는 등 감정을 전달해 줍니다. 퍼센트(percent) 부호인 %도 '응'이라는 한글을 대신하기도 하는데요. 자음만 사용하는 'ㅋㅋ'의 활용법과는 반대로 ㅠㅠ ㅜㅜ ㅡㅡ는 모음으로만 뜻을 전할 수 있죠. 우는 얼굴을 나타내는 ㅠㅠ는 한글 키보드가 등장한 후에 가장 먼저 탄생한 이모티콘일 거예요.

이모티콘과 야민정음은 글씨를 읽는 게 아니라 그림처럼 보는 즐거움을 느끼게 합니다. 과거 훌륭한 서예가는 내용도 내용이지만 글씨체로 사람들을 감탄하게 했죠. 수업시간에 놓친 필기를 적으려고 공책을 빌릴 때 어떤 친구에게 부탁하나요? 알아보기 쉬운 글씨로 잘 정돈하는 친구가 필요할 겁니다. 글은 읽기 위한 도구이지만 때로는 보는 것도 중요합니다.

'파자'(破子)라는 놀이가 있었습니다. 원래 한자의 획과 부수를 쪼개고 바꿔서 새로운 말을 만드는 거예요. 한글로 야민정음을 만드는 것처럼요. 예를 들어 99세를 '백수'라고 하는데 한자로 쓰면 '흰 백'(白)에 '목숨 수'(壽)를 더한 '白壽'라는 단어입니다. 99세와 흰색은 무슨 관계가 있는 걸까요? 글자의 의미로는 상관이 없죠. 100을 뜻하는 '일백 백'(百)에서 한 획(一)을 뺍니다. 100에서 1을 뺐더니 99가 아니라 '흰 백'(白)이 됐어요. 그래서 99세를 백수로 부르게 됐습니다.

한자나 서예도 글씨에서 재미를 찾지만, 놀이의 목적은 글에 숨겨둔 의미를 해석하는 데 있어요. 반면 야민정음은 글자 모양 놀이예요. 특히 손글씨보다 컴퓨터 키보드나 스마트폰 자판에서 한글을 입력할 때 자음과 모음이 해체되고 다시 결합하는 형태로 수수께끼를 만듭니다. 글씨를 보는 즐거움이 극대화됐다고 할 수 있습니다.

그림은 글과 달리 시각 정보가 바로 의미가 됩니다. 글은 쓰인 대로 따라 읽어가면서 글씨를 조합해 정보를 입력하고 의미를 해석하는 과정이 필요하죠. 그림보다 정보값이 훨씬 많은 영상은 재생된 장면을 보기만 하면 의미를 파악하지 않아도 내용이 머리에 입력됩니다. 지금 젊은 세대는 글보다 영상에 익숙하다고 하지요. 이런 특징 덕분에 이모티콘을 이용한 언어생활에 더 빠르게 적응했을지도 모릅니다. 그러고 보니 이모티콘은 '읽는다'라기보단 '본다'라는 동사가 더 어울리네요.

글 읽기가 너무 힘들어

원시 시대에는 동굴 벽에 동물을 잡은 마릿수만큼 그림을 그려놓았습니다. 기원전 3000년경 쐐기 문자를 만들기까지 인류는 복잡한 실물 모양을 단순화시켰고 글자는 점점 추상적인 형태가 되었습니다. 한 가지만 나타내는 그림보다 다양한 의미를 담은 한자 등 상형문자가 발명되면서 한 시대에 축적한 지식을 다음 세대에 전달하기 쉬워졌죠. 한글과 알파벳은 실제 형태나 의미가 아닌 음성을 기록하는 글자입니다. 이처럼 보이지 않는 것까지 쓸 수 있게 되면서 어려운 개념과 미묘한 심리까지 글로 남길 수 있게 되었습니다.

그림에서 시작해 추상화된 문자의 시대를 이어왔던 인류가 최근 다시 그림의 시대로 돌아가고 있다는 이야기가 나옵니다. 동영상 플랫폼이 늘어나고, 궁금한 게 있으면 글과 사진보다 영상을 검색하는 세대가 등장하면서요. 여러분은 어떤 콘텐츠를 소비하는 데 가장 많은 시간을 보내고 있나요?

동영상, 책, 음악, 신문, 잡지, 만화책….

사람마다 가장 재미있어 하는 매체는 다를 겁니다. 신문과 책은 어떤가요? 사실 글을 읽는 일은 상당히 힘듭니다. 문자는 사람들이 정해 놓은 복잡한 약속이기 때문입니다. 이미지나 소리처럼 한 번 보고 들으면 의미가 파악되는 언어가 아니에요. 글을 읽는 건 암호처럼 엮은 문자들의 조합을 해독하는 과정입니다. 한자와 같은 상형문자는 사물 등의 모양을 본 따 만들었기 때문에 글자의 형태를 보면 의미도 떠올릴 수 있어요. 예를 들어 '가족' 할 때 쓰는 '집 가'(家)는 지붕(宀) 밑에 돼지(豕)가 있는 모습을 그려서 '집'을 나타낸 문자입니다. 모양만 봐도 대략적인 뜻을 알 수 있죠. 하지만 한글은 소리를 딴 문자여서 글자만 봐서는 알 수가 없어요. 자음과 모음, 받침의 조합을 어떻게 해석하기로 했는지 그 약속을 알아야 이해할 수 있습니다. 예를 들어 '가족'이라는 단어를 보고 나의 사랑하는 가족을 떠올리는 건 '기역(ㄱ)'과 'ㅏ'를 합친 '가'라는 한글과 '지읏(ㅈ)'과 'ㅗ'에 '기역(ㄱ)'을 합친 '족'이라는 한글을 붙여 '가족'이라는 조합을 '함께 사는 식구'로 표현하자고 약속한 덕분이에요.

여러분도 '문해력'이란 말을 많이 들어보았을 겁니다. 글을 읽고 이해하는 능력을 말하는데요. 사실 글자 하나하나를 눈에 넣어 어휘, 문장, 문단을 조합하고 뜻을 풀어내는 데엔 상당한 집중력이 필요합니다. 지금 여러분이 책을 한 줄 한 줄 읽으면서 내용을 이해하기 위해 노력하는 것처럼 말이에요.

하지만 그림이나 영상은 다릅니다. 선과 면, 색깔로 채워진 그림이나 움직이는 물체와 소리까지 더해진 영상으로 '가족'을 나타낸다면 누구나 쉽게 이해할 수 있어요. 글자를 몰라도 보이는 정보만으로 충분히 개념을 이해할 수 있습니다.

영상에 익숙하고 이것을 더 재미있다고 느끼는 사람은 글 읽기를 따분하고 어렵게 여길 수 있습니다. 문자를 그림처럼 조립하는 '야민정음'이나 문장 부호 등으로 이모티콘을 만드는 건 어쩌면 지루한 글자를 도와주기 위해서일지도 모르겠네요.

책을 한창 읽어야 할 청소년 시기에 영상을 너무 많이 본다고 걱정하는 부모님과 선생님도 있습니다. 글이 무엇이기에 그런 걱정까지 하는 걸까요?

문자는 인간의 가장 위대한 창조물로 꼽히기도 합니다. 말을 글로 옮기는 게 지금은 당연하고 별거 아닌 것으로 보이지만, 기록하는 언어가 가지는 힘은 매우 큽니다. 옛날 사람들이 경험하고 터득한 지혜와 지식을 문자로 적으면 아주 먼 미래 후손에게도 전달할 수 있어요. 미래 사람들은 이미 발견한 지식에 자신이 발견한 새 지식을 더하죠. 문명의 발달은 이렇듯 문자를 통해 이뤄진 셈입니다. 글은 인간이 기술을 고도화할 수 있었던 힘이에요.

언어는 개인의 발전에도 도움을 줍니다. 과거 혹은 동시대 사람들의 경험과 지식이나 지혜를 정리한 것이 책인데요. 우리는 책을 펴서 그 안에 적힌 글을 읽고 해석하고 이해하는 과정을 거치면서 문자에 담긴 지식과 지혜를 내 것으로 만들 수 있습니다. 모든 걸 직접 경험해보지 않아도 책에서 본 것과 얻은 생각으로 더 큰 세계를 그리는 힘도 갖게 되고요.

이런 과정을 반복할수록 사고할 수 있는 영역은 계속 넓어집니다. 물론 영상에서도 많은 정보와 생각을 얻을 수 있습니다. 하지만 내용을 곱씹어 자신의 것으로 만드는 과정이 글보다는 짧을 수 있어요. 어른들이 영상만 좋아하는 청소년들을 걱정하는 것은 언어생활을 통해 사고력을 키워야 할 시기를 놓칠 수 있기 때문이에요.

특히 요즘 젊은 사람들의 언어 습관에는 한 가지 특징이 있습니다. '인정?'이라고 물어보면 '어, 인정'으로 답하는 것처럼 짧은 티키타카가 주를 이뤄요. 이야기를 주고받으며 꼬리를 물고 생각을 확장하기보다 즉각적인 반응을 위해 대화하는 경우가 많습니다. 언어를 해석해서 내 것으로 만드는 사고력을 키울 기회가 또 한 번 줄어드는 셈이죠.

많이 읽고, 말하고, 써볼수록 우리의 언어에는 힘이 생긴다고 합니다. 풍부한 언어생활을 위해서 책이나 기사와 같이 긴 글을 조금씩이라도 꾸준히 읽고, 감상문 등을 직접 작성해보는 건 어떨까요?

언어는 '약속'

어휘력과 언어를 통한 사고력이 제때 자라지 못하면 이런 일이 생깁니다. '0개 국어.' 즉 모국어인 한국어도 제대로 듣고 말할 수 없는 상황이 될 수도 있다는 뜻입니다. 올바른 언어생활이 필요한 이유는 같은 사회를 살아가는 사람들의 약속인 언어를 제대로 배워두어야만 문제 없이 소통할 수 있기 때문입니다.

언어는 사회의 여러 가지 약속 중에서도 아주 정교한 규칙이에요. 웬만해서는 잘 변하지 않는 공고한 규범이다 보니 여기서 벗어나면 무척 재미있습니다. 해방감도 느끼고요. 그런데 아예 약속을 모른다면, 처음부터 어떤 규칙이었는지 모르고 재미만 추구한다면 그것을 일탈이라고 할 수 있을까요?

말하고 글을 쓰는 건 사람이 하는 일이어서 시대가 바뀌고 시간이 흐르면 문화가 변하듯이 언어도 바뀝니다. 법은 아주 천천히 변해서 당장은 변화가 느껴지지 않을지 몰라요. 맞춤법 중에서도 가장 깐깐

한 규칙이 무엇일까요? 사람들이 그 중요성을 잘 인식하지 못하는 문장 부호입니다. 예를 들어 가운뎃점은 여러 가지를 나열할 때나 말끝을 흐릴 때 쓰는데 상황에 따라 표기법이 다릅니다. '초등학교' '중학교' '고등학교'를 함께 쓰려면 가운뎃점을 하나씩 붙여 '초·중·고등학교'라고 쓰고요. 말을 다 못 하고 끝내는 말줄임표로 쓸 땐 "내가 먼저 말하려고 그랬는데……"와 같이 가운뎃점이 연속으로 6개가 붙습니다. 정사각형 네모 안에 한 글자씩 적어넣는 원고지 표기를 기준으로 만든 규칙이에요.

대부분 맞춤법을 잘 모르는 부호의 표기법이 2015년 일부 개정이 됐습니다. '초,중,고등학교'라고 가운데 쉼표를 써도 올바른 것으로 인정됐고, '그랬는데…'라며 가운뎃점을 3개만 찍어도 말줄임표가 된다고 바뀌었어요. 키보드나 스마트폰 자판으로 글을 쓰는 현재 사람들의 언어 습관에 맞춘 거예요. 약속은 잘 지켜질 수 있는 방식으로 이뤄져야 효과가 있습니다. 지키기 어렵다고 무시하는 게 아니고 조금씩 바꿔 나가면 되지요.

"

소통을 막는 엉망진창 맞춤법

"어의업내요. 맞춤법 좀 틀린다고 공항장애니, 바람물질이니 하시는 분들은 지금 임신공격하세요? 안그래도 기분 않좋은데 일해라절해라 하지 마세요. 대학 나왔다고 맞춤법 잘 알 거라는 고정간염도 버리세요. 님들이 비난하는 것도 어면한 사생활 치매거든요. 다른 이슈에 간심을 가지는게 낳을듯해요."

몇 년 전 소셜미디어에서 화제가 됐던 글입니다. 맞춤법에 맞게 쓴 단어를 찾는 게 더 빠를 정도로 다 틀렸습니다. 표준어나 맞춤법을 모르는 사람이 많은 현실을 풍자해서 쓴 글이라는 설도 있었죠. 어떤 의도로 썼든 슬기로운 언어생활에 위기가 찾아왔다는 증거입니다. 커뮤니티나 소셜미디어에 '충격적인 맞춤법'이라고 올라온 글을 보면 이것이 언어 파괴가 아닐까 싶은 심각한 표기법들이 등장해요.

'마마잃은중천공' '장례희망' '멘토로 삶기 좋은 인물' '나물할 때가 없는 맛며느리감' '골이 따분한 성격' '수박겁탈기'

앞의 글과 이런 표현들이 현실을 풍자하려고 일부러 틀린 표기였으면 좋겠습니다. 재미를 위해 일부러 오타를 냈다가 충격의 맞춤법이 진짜 맞는 말로 굳어진 예도 있어요. '이래라저래라 하지 마세요.' 원래는 이렇게 쓰는 게 맞지만 '일해라절해라'라고 언어 유희를 했던 것이 유행하면서 이제는 공식적인 문서와 책에도 등장하고 있다고 해요.

어떤 말이 재미로 만든 오타이고, 올바른 표기인지 구분하기 힘든 사람들을 위해 맞춤법 검사기도 개발되었죠. 직원들에게 맞춤법 시험을 정기적으로 치르게 하는 회사도 있습니다. 틀린 말을 틀린 줄도 모

'멘토'를 삶는다고요?

르고 사용하는 사람이 워낙 많아서 생긴 현상인 거죠. 잘 소통하기 위해서 정한 언어 규칙이 무너지면 소통이 막히게 됩니다. 서로의 말을 알아듣지 못하고, 의도를 오해하는 일도 생길 수 있어요. 이번 챕터에 나온 '충격적인 표기법'을 보면서 어디가 틀렸는지 모르는 사람이나 이제까지 틀린 줄 모르고 똑같이 사용했던 사람도 있을 겁니다. 다행인 건 맞춤법을 찾아주는 기술도 발전했고, 국어사전 어플도 많다는 점이에요. 모르는 건 찾아보고 다음에는 제대로 사용하면 됩니다. 그럼 맞춤법을 제대로 고쳐볼까요?

"어이없네요. 맞춤법 좀 틀린다고 공황장애니, 발암물질이니 하시는 분들은 지금 인신공격하세요? 안 그래도 기분 안 좋은데 이래라저래라 하지 마세요. 대학 나왔다고 맞춤법 잘 알 거라는 고정관념도 버리세요. 님들이 비난하는 것도 엄연한 사생활 침해거든요. 다른 이슈에 관심을 가지는 게 나을 듯해요."

'남아일언 중천금' '장래 희망' '멘토로 삼기 좋은 인물' '나무랄 데가 없는 맏며느릿감' '고리타분한 성격' '수박 겉핥기'

말을 다듬어 쓴다는 것

코로나19 바이러스가 전 세계로 퍼진 2020년은 새로운 언어도 많이 생성된 한 해였습니다. 감염자가 갑자기 많아져서 혼란했던 초기에는 감염 사태를 번역도 하지 않은 외래어 그대로 사용해 설명하는 경우가 비일비재했습니다. 나중에 시간이 좀 흐르고 난 뒤에야 국립국어원이 여러 가지 관련 용어를 다듬었는데, 그중에 제일 잘 바꿨다고 평가받는 단어가 '비대면 서비스'입니다.

'비대면'은 대면하지 않는다는 뜻의 한자어예요. 접촉(contact)하지 않는다(un)는 의미로 조합된 신조어 '언택트'(un+contact)를 다듬은 말입니다. '언택트'는 영어가 아닌 콩글리시인데 이 부분에 대해서는 4장에서 자세히 이야기해볼게요.

바이러스 감염을 예방하기 위해 외출과 만남이 통제된 것은 태어나서 처음 겪는 일이었습니다. 식당에 갈 수 있는 시간과 함께 갈 수 있는 인원수까지 국가에서 정했죠. 그만큼 코로나19의 확산을 막는 일은 어렵고 긴박했습니다. 시민의 건강과 안전을 지키는 것이 최우선이었으니까요. 이런 때 '언택트'라는 생소하고 뜻을 알 수 없는 언어는 소통에 장애가 됩니다. '언택트 서비스를 이용해달라'는 말을 알아듣지 못하는 사람이 많다면 상황을 통제하기 어려워요. '대면(對面)하지 않는(非)다'라는 '비대면'이라는 단어 역시 한국어식 한자 조합이기는 하지만 영어보다 의미를 추측하기는 쉬웠나 봅니다. 신조어 '비대면'은 빠른 속도로 사용량이 늘어서 지금은 누구나 아는 신조어가 됐습니다.

'언택트'가 '비대면'으로 바뀌었던 2020년 국립국어원은 이외에도 145개의 단어를 다듬었습니다. 하지만 '입에 착 붙는다'라고 인정받는 말은 거의 없어요. 오히려 '억지로 바꾼 말' '현실을 모르는 이상한 단어'라며 사람들이 외면하는 일이 더 많지요.

1977년 정부는 '순화어'라는 이름으로 어려운 단어, 무분별한 외래어를 쉬운 말로 바꾸기 시작했습니다. 처음 목적은 한국어에 남아 있는 일본어를 없애는 것이었어요. 일제강점기에 순수 우리말을 일본어로 바꿔 강제로 사용하게 했던 아픈 역사의 언어를 고쳐보려고 한 거예요. 해방 직후인 1948년 문교부(지금의 교육부)가 만든 『우리말 도로 찾기』라는 책자를 보면 얼마나 많은 일본어의 잔재가 언어 습관으로 남아 있었는지 알 수 있어요.

벤또 → 도시락, 아나타 → 당신, 스시 → 초밥
하나미 → 꽃구경, 혼다데 → 책꽂이

흔적은 1970년대에도 없어지지 않아 순화어 대상의 대부분이 일본어였습니다.

소바 → 메밀국수, 덴뿌라 → 튀김, 다마네기 → 양파, 요지 → 이쑤시개
시보리 → 물수건, 거래선 → 거래처, 잔고 → 잔액, 판매고→ 판매량

'뎃빵'(鐵板) '쇼부'(勝負) '신삥'(新品)처럼 한자를 일본어식으로 읽은 단어도 여전히 사용되고 있습니다. 이미 '철판' '승부' '새 상품'으로 오래전 다듬어졌지만, 은어처럼 계속 남아 있습니다. '택배'(宅配)도 일본식 한자인데 국립국어원에서 제안한 '집 배달'이라는 말이 대중들에게 받아들여지지 못했지요.

다듬은 말은 2004년부터는 시민들이 직접 참여하는 형태로 바뀌었고, 이제는 일본어보다 한자어, 영어식 표현을 이해하기 쉽게 풀어내는 데 초점을 맞춥니다. '순화어'라는 단어를 '다듬은 말'로 바꾼 것처럼요.

댓글(리플), 나들목(인터체인지), 갓길(노견), 건널목(횡단로)

일상 언어로 안착한 말이 있는가 하면 외면을 넘어 조롱을 받은 다듬은 말도 있어요.

그림말(이모티콘), 꾸림정보(콘텐츠), 위안음식(소울푸드), 무른모(소프트웨어), 굳은모(하드웨어), 셈틀(컴퓨터), 다람쥐(마우스), 딸깍(클릭)

　사람들이 완벽한 말, 올바른 말만 사용하는 건 아니에요. 틀린 말도 익숙해지기만 하면 무엇이 잘못됐는지 기억하지 못합니다. 쓰던 말을 바꾸려면 적어도 다듬은 형태가 '찰떡이다'라는 소리를 들을 수 있는 정도가 되어야 해요. 그렇게 딱 떨어지는 말을 찾는 건 쉬운 일이 아니죠.

　다듬은 말 대부분이 현실에서 사용되지 않지만 그래도 말을 다듬는 일은 중요합니다. 일제강점기의 흔적을 없애려면 우리 말 중에 일본어가 무엇인지 찾아야 하는 것처럼 말을 다듬는 과정에서 잘못되거나 소통에 문제가 될 수 있는 언어를 살펴보는 기회가 생기기 때문입니다. 알아듣기 쉽고 편한 말이 무엇인지 고민해볼 수도 있고요. '다듬은 말'이 누군가에게는 새로운 선택지가 되기도 해요. 지금보다 더 좋은 표현은 없을지 고민하는 과정은 우리의 언어생활을 풍성하게 하는 발판이 될 것입니다.

2장

언어라는
투리구슬

"'올해의 신조어'를 알면 세상이 보인다

언어는 사회와 시대를 비추는 '투리구슬'입니다. 생각과 감정을 표현하는 말과 글에는 당시 사람들의 가치관과 상황이 '투명한 유리구슬'처럼 고스란히 반영됩니다. 말은 재미있다고 해서 유행어가 되는 게 아닙니다. 현실과 잘 맞아떨어져 공감을 얻는 게 우선이지요. 말은 억지로 만들어지는 게 아니거든요.

코로나19 사태가 시작된 2020년 한 포털사이트의 국어사전에서 가장 많이 검색한 단어는 '팬데믹'과 '언택트'였습니다. 영어사전에서는 'COVID-19'(코로나19)였어요. 사전뿐 아니라 전체 검색어에서도 1위는 '코로나19'가 차지했습니다. 3위, 4위도 '코로나'와 '코로나 확진자'였고요.

갑자기 퍼진 바이러스 사태를 설명할 새로운 말도 많이 등장했어요. 마스크를 제대로 쓰지 않고 턱에 걸친 '턱스크', 공연이나 경기를 집에서 TV나 스마트폰으로 본다는 '집관', 사람들과 만나지 못하고 집에

만 머무는 시간이 길어져 생기는 우울감을 뜻하는 '코로나 블루'라는 신조어는 2020년 한 해의 분위기를 고스란히 담고 있지요. 바이러스가 걷잡을 수 없이 퍼지는 사이, 외부 활동은 물론 다른 사람과 개인적으로 접촉하는 길마저 차단되는 엄청난 사태에 놓였는데요. 이 시대를 살아가는 인류에게 처음 닥친 일이었던 만큼 그 상황이 얼마나 무서웠는지 우리는 잘 알고 있습니다. 학교에 가지도 못하고, 친구와 만나 밥을 먹을 수도 없었죠. 다른 나라로 여행하는 것도 금지됐고요. 먼 훗날 미래의 사람들은 코로나 시대에 유행했던 말을 보면서 2020년 우리가 느꼈던 불안과 두려움을 추측해볼 수 있을 거예요.

국가적으로 큰일이 지나간 뒤에는 많은 말들이 남습니다. 특히 위기 상황에서는 슬픈 단어들이 만들어지곤 하는데, 코로나 시대에 등장한 '벼락 거지'라는 신조어도 그렇습니다.

바이러스 사태는 앞날을 예측할 수 없다는 사람들의 불안한 심리를 자극했죠. 불안감이 극대화되면서 2020년 3월 세계 주식시장이 폭락했습니다. 2008년 금융 위기 이후 최악의 상황이었다고 해요. 각국 정부는 금리를 낮추고 시장에 막대한 돈을 풀었습니다. 경제를 안정시키려는 조치였어요. 그런데 정책은 나비효과를 불렀습니다. 시중에 돈이 많다는 것은 화폐 가치가 떨어졌다는 뜻이에요. 부동산과 같은 자산의 가치가 올라가면서 갑자기 아파트값과 땅값이 치솟았습니다. 주식도 반등하면서 주가지수는 역사상 가장 높게 올라갔죠. 새로 주식시장에 상장하는 기업은 첫날 주가가 공모가격보다 엄청나게 오르는 현

코로나19 시대의 경제 위기 상황.

상도 나타났는데 두 배는 '따상', 세 배는 '따따상', 네 배는 '따따따상'
이라는 새로운 수식어가 생길 정도였어요. 따는 '더블'을 세게 발음한
'따블'에서 왔다고 해요.

누가 돈을 어떻게, 얼마나 많이 벌었는지에 대한 소식으로 세상이
가득 찼습니다. 소셜미디어와 신문, 방송은 온통 재테크 비법을 알려
주는 이야기만 하기 시작했죠. 이때 투자를 하지 않았거나 집이 없는
사람들은 심한 박탈감을 느꼈어요. 남들은 다 부자가 됐는데 나만 제
자리에 있다는 불안감과 조급함이 점점 극에 달하면서 스스로를 '벼
락 거지'라고 불렀습니다. 자신은 어느 날 갑자기 거지가 된 처지라며
스스로를 비웃는 거예요. 2020년의 언어는 바이러스와 관련된 말 이
외에도 특히 돈과 관련된 신조어가 많았는데, 위기 상황에서 양극화한
사회의 단면을 보여주는 것 같습니다.

코로나19와 IMF 시대의 언어

    한국 역사에서 경제적으로 가장 힘들었던 시기를 꼽으라면 1990년대 후반, 외환위기가 닥쳤을 때일 것입니다. 줄줄이 기업 부도가 나면서 수많은 직장인이 일자리를 잃었습니다. 'IMF 한파'라는 당시 관용어는 춥고 힘든 시절을 잘 나타냅니다. 어린이들도 'IMF'라는 말을 알고, 유행어처럼 썼죠. 외환위기 때 가장 많이 생긴 단어는 퇴직에 관한 것들입니다. 정년이 되기 전에 스스로 회사를 나가는 것을 '명예퇴직', 줄여서 '명퇴'라고 부르기 시작한 것도 이때부터였습니다. '명퇴'가 '명태'와 발음이 비슷하다는 점을 들어 각종 퇴직의 형태를 생선 이름처럼 부르기도 했어요. 조기에 퇴직하면 '조기', 한겨울 퇴직하면 '동태', 황당하게 퇴직하면 '황태', 입사하자마자 회사에서 잘리면 명태 새끼의 이름을 붙여 '노가리태'라고 했습니다.

    외환위기 이후 한국 사회에서는 고용에 대한 인식이 달라졌어요. 그전까지는 일단 입사하기만 하면 정년이 될 때까지 같은 직장에 다닌다고 생각했거든요. 특히 대기업이나 공기업과 같은 곳은 정말 안정적으로 고용이 보장돼 '철밥통'이라고 불렸습니다. 하지만 이후에는 38세까지 다니면 다행이라는 의미에서 '대기업도 38선'이라거나 '40대에 반드시 퇴직할 수밖에 없다'(퇴직이 정해져 있다)는 의미로 '사필귀정'이라고 했죠. 원래 사자성어와 다른 의미로 줄임말을 만든 거예요. 직장인들은 불안정한 자신의 처지를 '사오정, 오륙도'라고 푸념하기도 했습니다. 무엇을 줄여 쓴 것일까요? '45세면 정년퇴직이 당연한데, 56세까지 다니겠다는 건 도둑'이라는 말입니다. 그전까지는 56세까지 회사를 다니고 정년퇴직을 했거든요.

요즘 젊은이들은 취업에 성공하는 것을 '취업 뽀개기'라고 합니다. 일자리를 구하는 게 '뽀개야 할' 만큼 쉽지 않다는 뜻이겠지요? 오늘날 경제는 더 이상 예전처럼 빠르게 성장하지 못합니다. 어느 나라든 사정은 마찬가지예요. 그래서 기업들도 사람을 덜 뽑습니다. 신입사원보다는 경력직을 선호하고요. 구직자의 입장에서는 정년이 보장되는 정규직보다 1~2년 간격으로 기간을 정해 다시 계약해야 하는 비정규직이 많아졌습니다.

노동 환경이 나빠지고 경쟁은 치열해지면서 이제 막 성인이 된 젊은이들이 일자리를 구하는 것은 더욱더 어려워진 실정입니다. 학교 성적, 영어 점수, 수상 경력, 사회 경험 등 취업에 도움이 될 만한 요소를 '스펙'(spec)이라고 합니다. 원래 '스펙'은 컴퓨터의 저장용량 등 물건의 사양이나 설명서를 뜻하는 영어 'specification'의 줄임말인데요. '평균

학점 4.0/토익 900점/oo전자 마케팅 공모전 최우수상/외국계 oo기업 6개월 인턴'과 같이 구직자의 특징을 마치 상품의 특징처럼 나열하고 있지요? 이쯤 되면 정말 '스펙'입니다. 어떻게든 자신의 강점을 전시해 선택받아야 하는 냉혹하고 냉정한 취업의 과정을 상징하는 단어죠.

'이태백'(20대 태반이 백수) '88만원 세대'(평균 월급이 88만원인 세대)로 표현하던 20대의 현실이 'n포 세대'라는 말로 바뀌었습니다. '포기하는 세대'라는 슬픈 단어예요. 연애, 결혼, 출산을 포기한다고 해서 '3포'였다가 내 집, 인간관계까지 더해서 '5포', 이제는 꿈과 희망까지 없다며 '7포'가 되었죠. 살기가 지옥만큼 힘든 '헬조선'에서 청년들은 'n가지'를 포기하고 있다고 말합니다. 경제적으로나 사회적으로 부모의 지원을 받을 수 있는 '금수저'는 다르겠지만 그렇지 못한 '흙수저'는 할 수 없는 것이 많다고요. 공부하고 취업하고 돈을 모으며 평범하게 살기도 쉽지 않다는 청년들의 마음을 대변하는 신조어들입니다.

살림살이 좀 나아지셨습니까

대통령 선거는 4년마다 치르는 국가의 가장 큰 정치 행사입니다. 앞으로 국민들의 생활이 어떻게 달라질 것인지가 달려 있으니 결과뿐 아니라 후보로 나온 사람들이 어떤 말을 하는지도 눈여겨보아야 합니다. 선거 운동에서 나온 후보들의 말만 다시 살펴도 당시 사회의 현안이나 분위기를 알 수 있습니다.

"국민 여러분, 살림살이 좀 나아지셨습니까?"

2002년 12월 대통령 선거를 앞두고 TV토론에 나온 한 후보가 했던 발언입니다. 외환위기가 한국 사회와 경제를 뒤흔들고 난 후 4년 정도가 지난 때였지요. 고용과 성장이 조금씩 회복되고 있다는데 서민들은 정말로 상황이 나아지는 것인지 느낄 수 없다는 말을 많이 했어요. 그런 때에 대통령 후보가 '살림살이 나아졌습니까?' '지금 행복하십니까?'라고 묻자 큰 공감을 얻었고 토론회 다음 날부터 유행어가 됐어요. 어렵고 복잡하다고 생각했던 정치가 '시민들의 살림살이'를 걱정하는 일이라는 걸 깨닫게 해줬기 때문일까요? 이 말을 했던 후보는 선거에서는 당선되지 않았지만 '살림살이 좀 나아지셨습니까'라는 선거 구호는 지금까지 남아 있습니다.

'적폐 세력' '적폐 청산'

신문기사와 칼럼에 갑자기 이런 단어들이 오르내리기 시작했어요. '쌓을 적'(積)과 '폐단 폐'(弊)라는 한자를 합친 적폐는 오랜 기간 쌓인 잘못된 관행이나 비리를 뜻하는 말입니다. 일상에서 거의 쓰지 않았던 말이 갑자기 유행처럼 번진 것은 당시 정권의 국정 운영에 문제가 있다는 사실이 드러나면서였어요. 대통령이 개인적으로 친한 인연을 이용해 나라의 일을 결정하고 돈을 썼다는 '국정농단 사건'입니다. 사람들은 그동안 쌓였던 폐단을 없애려면 대통령이 물러나야 한다고 항의했습니다. 이때 대통령 퇴진을 요구하는 시위에 '적폐 청산'이라는 구호가 등장했고, 이후로는 사회에 나쁜 영향을 미친다고 생각하는 것을 '적폐'라고 부르기 시작했습니다.

"무슨 빽을 믿고 그런 행동을 하는 거야?"

백(bag) vs. 빽(back).

여기서 '빽'이라는 말도 정치를 하는 사람들이 권력을 사적으로 이용하면서 나온 단어입니다. 뒤(back)에서 밀어준다는 뜻에서 생겼다고 해요. '빽'은 '백'을 세게 발음한 잘못된 표기법입니다. '백'의 뜻은 '뒤에서 받쳐 주는 세력이나 사람을 속되게 이르는 말'이고요. 부정부패가 일상으로 이뤄졌던 때에 나온 신조어입니다.

전쟁이 끝난 1950년대. 시민들의 삶은 처참하고 황폐해졌습니다. 질서라곤 찾아보기 힘들 만큼 모든 상황이 어지러웠죠. 이 혼란을 틈타 공무원들은 지위가 높은 권력자에게 돈을 주고 승진이나 이권을 자신에게 달라고 부탁했습니다. 자식이 군대에 가지 않게 해달라며 군복무 면제를 청탁하기도 했습니다.

"그렇게 하면 너는 떡고물이라도 얻어먹는 거냐?"

세상에 숨겨야 하는 일이 워낙 많이 일어나다 보니 어부지리로 이득을 얻는 사람도 생겼어요. '떡고물'은 부당한 이득을 뜻해요. 1970년대 대통령 암살 사건이 일어났습니다. 군부가 정권을 장악했고 권력이 한곳으로 집중됐습니다. 더는 시민의 힘으로 정부를 감시하거나 힘의 균형을 맞추는 데 도움을 줄 수 없게 되었어요. 더불어 국민의 재산을 개인의 재산으로 만드는 일도 비일비재하게 벌어졌습니다. 그 당시만 해도 정부나 정권의 정보가 공개되지 않았거든요. 그러니 국민이 알 방법이 없었지요. 부정한 방법으로 부를 모은다는 '부정축재'라는 말은 여기서 나왔습니다. 이런 권력형 비리를 저질렀다가 들통난 한 정치인에게 '어떻게 그런 많은 재산을 모았냐'고 물었더니 다음과 같이 대답했다고 합니다.

"떡을 만지다 보면 떡고물이 묻는 것 아니냐."

해명을 한다면서 기껏 한 말이 '떡고물'입니다. 이후 비리와 부정부패로 재산뿐 아니라 정말 얻을 수 있을지 알 수 없지만 기대가 되는 이득을 뜻할 때 이 표현을 쓰게 되었는데요. '떡고물이라도 얻을 수 있지 않겠어?'라는 말은 사실 썩 좋은 의미가 아니었던 거예요.

1990년대 대통령 선거에 나온 후보는 자신을 '보통사람'이라고 불렀는데, 이 말이 유행어가 됐습니다. 권력만 믿고 부정축재, 비리를 저지른 정권의 부패가 심해지면서 정치와 공무원에 대한 국민의 불신은 점점 깊어졌습니다. 그런데 이런 '적폐 세력'이 아니라 국민 여러분과 똑같은 '보통사람'이라고 하니, 부정부패에 질린 사람들의 마음이 조금

움직였던 걸까요? 자신을 보통사람이라고 일컬었던 그 후보는 대통령에 당선됐습니다.

　외국 정치권에서도 비리나 스캔들이 새로운 말을 만들어내는 현상을 종종 볼 수 있습니다. 1998년 미국 클린턴 대통령은 대국민 연설을 통해 백악관에서 인턴으로 일하던 여성과 '부적절한 관계'(inappropriate relationship)였다고 발표했습니다. 대통령의 성추문 스캔들이 세계를 들썩이게 하자 대통령 본인이 직접 나서서 사건은 정말이었다고 인정하고 사과했는데요. 이때 '부적절한 관계'라는 말이 또 논란이 됐습니다. 결혼한 사람이 배우자가 아닌 다른 사람과 불륜을 저질렀다는 것인데, 그것을 제대로 말하지 않고 모호하게 표현했으니까요. '불륜 관계'도 아니고 '부정한 관계'도 아닌 '부적절하다'라는 단어를 선택해서 사건을 교묘하게 큰일이 아닌 듯 생각하게 만든 것입니다. 아예 없는 말은 아니고 법률적으로는 이렇게 표현한다며 진실을 가리는 말투를 쓴 거예요. 그 뒤로 이 표현은 '매우 정치적인 발언'이라고 하면 가장 먼저 떠오르는 말이 되었습니다.

"

때아닌 '4흘' 소동

공휴일이 원래 쉬는 날인 주말이라면 돌아오는 월요일을 대체공휴일로 지정해요. 예를 들어 10월 3일 개천절이 하필 일요일이면 월요일을 쉬는 것입니다. 토, 일, 월, 3일간 연휴가 되는 거죠. 이틀인 줄 알았던 쉬는 날이 사흘이 되다니! 선물을 받은 것처럼 신이 나지요. 그런데 2021년 광복절의 대체공휴일을 알리는 기사에 비판 댓글이 달리기 시작했습니다.

"3일 쉬게 됐는데 왜 사흘 쉰다고 제목을 쓰나요? 기자가 3일과 4일을 어떻게 헷갈릴 수 있죠?"

댓글을 보고 충격을 받은 사람은 두 부류였습니다. '4일을 왜 사흘이라고 쓰는가'라며 기자를 이해하지 못한 부류와 '사흘의 의미를 어떻게 모를 수 있는가'라며 댓글 작성자의 무지에 놀란 부류지요.

1일	하루	11일	열하루	21일	스무하루
2일	이틀	12일	열이틀	22일	스무이틀
3일	사흘	13일	열사흘	23일	스무사흘
4일	나흘	14일	열나흘	24일	스무나흘
5일	닷새	15일	열닷새(보름)	25일	스무닷새
6일	엿새	16일	열엿새	25일	스무엿새
7일	이레	17일	열이레	27일	스무이레
8일	여드레	18일	열여드레	28일	스무여드레
9일	아흐레	19일	열아흐레	29일	스무아흐레
10일	열흘	20일	스무날	30일	그믐

하루, 이틀, 사흘, 나흘, 닷새, 엿새, 이레, 여드레, 아흐레, 열흘….

　모두 날짜를 세는 말들입니다. 15일은 보름, 20일은 스무날, 30일은 그믐이라고 해요. 한자도 아니고 아라비아숫자도 아닌 순우리말입니다. 숫자를 1(일), 2(이), 3(삼), 4(사), 5(오), 6(육), 7(칠), 8(팔), 9(구), 10(십)이라고 읽는 것은 한자의 음이에요. 하나, 둘, 셋, 넷, 다섯, 여섯, 일곱, 여덟, 아홉, 열이라고 읽는 건 우리말로 숫자를 세는 방법이고요. 대여섯(5나 6), 예닐곱(6이나 7), 일고여덟(7이나 8)처럼 범위를 나타내는 말도 있어요. 사나흘(삼사일), 대엿새(오륙일), 예니레(육칠일)로 정확하지 않은 날짜를 표현할 수 있습니다. '2틀' '4흘' '10흘'처럼 우리말의 날짜 단위를 숫자로 쓰는 건 틀린 말이에요.

"하나, 두울, 서이, 너이, 다섯…."

조선 시대를 배경으로 만든 사극을 보면 상인이 이런 식으로 엽전이나 물건을 세는 대사가 나올 때가 있지요. 할머니, 할아버지나 사투리를 쓰는 친구가 숫자를 셀 때 그러기도 할 거예요.

'삼'과 '사'가 '서이' '너이'로 바뀐 것은 '3개나 4개'를 '서너 개'로 읽는 것과 비슷합니다. 〈내 동생〉이라는 동요에도 곱슬머리인 동생이 '이름은 하나인데 별명은 서너 개'라는 가사가 나오죠.

원래 어휘가 변형돼 그대로 사용한다는 것은 바뀐 쪽이 발음하기가 더 편하고 자연스럽기 때문입니다. 무의식적으로 '셋 넷'이나 '3(삼) 4(사)'보다 발음이 쉬운 '서 너'라고 말하는 경우가 많아지면서 굳어진 것이죠. 3(삼)의 변화된 발음인 '서'가 또다시 '사'로 변형됐고 여기에 날을 세는 단위 '일'(홀)이 붙어 '사흘'이라는 말이 생겨났다는 게 국립국어원의 설명입니다. '나흘' 역시 '4(사)'를 뜻하는 '너'의 모음이 변형된 것이고요. 커피 석 잔, 물 넉 잔으로 세는 것처럼요.

'하룻강아지 범 무서운 줄 모른다.'

상대가 어떤 사람인지 모르고 철없이 함부로 덤빌 때 쓰는 말입니다. 여기서 '하룻'을 보통 '하루'로 해석해서 태어난 지 하루밖에 안 된 어린 강아지라고 오해하기도 하지요. 순우리말로 나이가 한 살 된 소나 말, 개를 '하릅'이라고 합니다. '하릅 송아지' '하릅 망아지' '하릅 강아지'라고 해요. 두 살, 세 살, 네 살을 말할 땐 '두릅' '사릅' '나릅' '다습' '여습' '이릅' '구릅' '여릅'이라고 합니다. 요즘은 소를 키우는 축산 농가에서도 거의 쓰지 않는 우리말이 되었습니다.

　'사흘'과 '나흘'이라는 우리말을 요즘에는 모든 학교에서 가르치는 건 아니라고 합니다. 의미를 수업시간에 배운 사람도 있고 배우지 않은 사람도 있을 거예요. 날짜는 숫자로도 표기할 수 있고, 숫자를 사용한다면 한국어를 쓰는 사람뿐만 아니라 전 세계에서 알아볼 수 있으니 더 요긴할 수도 있어요. 순우리말은 몰라도 불편한 점은 없습니다. 하지만 예쁜 순우리말을 정작 한국어를 쓰는 사람들이 알아듣지 못한다면 많이 아쉬울 것 같습니다. 사흘과 나흘이 낯설고 헷갈린다면 제가 어릴 때 외웠던 방법을 하나 소개할게요. 한자로 3과 4를 쓰면 '석 삼'(三), '넉 사'(四)로 뜻과 음을 읽죠. '석'의 자음이 시옷(ㅅ)이니 '사흘', '넉'은 니은(ㄴ)이니 '나흘'로 기억하면 조금 쉽지 않나요?

눈금 없이 정확하게 세는 법

'구슬이 서 말이라도 꿰어야 보배.'

'되로 주고 말로 받는다.'

'내 코가 석 자.'

'한 치 앞도 못 본다.'

'천 리 길도 한 걸음부터.'

'열 길 물속은 알아도 한 길 사람 속은 모른다.'

속담의 공통점을 찾아보세요. 뜻은 전부 다릅니다. 하지만 똑같은 요소가 들어 있어요. 순우리말 단위를 사용해서 교훈을 주는 속담이지요. 요즘은 잘 사용하지 않아 처음 보는 어휘도 있을 거예요. 각각이 무엇을 세는 단위인지 하나씩 살펴볼게요.

아무리 좋은 것이 많아도 다듬어 쓸 줄을 알아야 비로소 쓸모가 있다는 속담에 나오는 구슬 '서 말'은 어느 정도의 양일까요? '말'은 쌀과

보리 같은 곡식이나 가루, 액체의 양을 재는 단위입니다. 손으로 한 움큼, 한 줌 정도의 양이 '홉'. 한 홉의 10배가 '되'. 한 되의 10배가 '말'. 지금 쓰는 단위로 바꾸면 한 홉이 180밀리리터(ml), 우유 한 팩 정도입니다. 한 되는 1.8리터($ℓ$), 한 말은 18리터($ℓ$)정도 되겠네요. 드럼통에 담긴 식당용 대용량 식용유 한 통이 18리터 정도이니까 서 말은 세 통에 담을 수 있는 꽤 많은 양이지요.

'되'로 주고 '말'로 받았다는 건 내가 한 작은 행동을 10배의 강도로 돌려받았다는 뜻입니다. 남을 괴롭혔다가 호되게 당할 때 쓰는 속담인데 단위의 크기를 알고 보니 단단히 경고하는 말이 되네요.

자신이 너무 힘든 상황에 빠진 상태라 다른 사람의 사정을 봐줄 여유가 없다는 속담 '내 코가 석 자'를 봅시다. 코가 얼마나 나왔길래 남을 신경 쓸 겨를도 없을까요?

한 자는 약 30센티미터(cm) 정도입니다. 석 자면 90센티미터(cm), 약 1미터(m)나 되지요. '코'가 나왔다는 의미는 피노키오처럼 코가 길어졌다는 게 아니라 '콧물'이 나왔다는 말이에요. 콧물이 1미터(m)나 나왔으니 정말 급하고 곤란한 상황이네요.

한 자를 10분의 1로 쪼개면 '치'라는 단위가 됩니다. 3센티미터(cm) 정도 되는 짧은 길이죠. 인생은 바로 몇 분 뒤 일어날 일도 알 수 없다는 뜻으로 '한 치 앞도 모른다'라는 속담에 비유합니다.

십 리(十里)는 한 시간을 걸어야 갈 수 있는 거리, 약 4킬로미터(km) 정도를 뜻합니다. 〈아리랑〉의 '십 리도 못 가서 발병 난다'라는 가사는 나를 떠난 임이 한 시간도 안 돼 탈이 날 것이라고 경고하는 이야기였네요. 천리(千里)는 100배이니까 나흘에서 닷새를 걸어야 갈 수 있는 거리입니다. 천리나 되는 먼 길을 나서는데 가장 중요한 건 바로 첫 발걸음이라고 말하는 속담입니다. 시작이 그만큼 중요하다는 뜻이에요.

사람이 걷는 도로나 인도를 뜻하는 '길'이 아닌 단위 '길'은 한 사람의 키 정도 되는 길이를 말합니다. 열 길이나 되는 깊은 물속은 조사하면 알아낼 수 있지만, 바로 앞에 있는 사람의 속마음은 알아보기 어렵다는 의미입니다.

부피나 무게, 거리 등을 재는 우리나라 고유의 단위는 지금 거의 사용되지 않습니다. 전통시장에서 됫박으로 쌀, 보리 같은 곡식이나 밤, 대추 등을 담아서 '한 되에 x원'이라고 적어 놓은 가격표 정도가 남아 있을까요? 우리나라 고유의 단위들은 센티미터(㎝)나 그램(g)처럼 자나 저울의 눈금으로 확인할 수 있는 숫자가 아니라서 정확하지 않다고 생각할 수도 있습니다. 하지만 어느 정도의 양인지 가늠할 수만 있다면 숫자보다 더 쉽게 떠올릴 수 있어요. 앞에서 나왔던 '홉'은 한 번에 마실 수 있는 물의 양이고, '마지기'라는 넓이 단위는 한 말의 씨앗을 뿌릴 수 있는 땅의 크기를 나타냅니다. 건물과 땅의 면적을 재는 단위 '평'은 한 사람이 누울 만한 크기를 뜻해요. 한 평이 3.3제곱미터(㎡) 정도니까 킹사이즈 침대가 들어갈 면적에 딱 맞습니다.

외국에서도 정확한 숫자 단위가 나오기 전에는 각 문화에서 필요한 단위를 만들어 썼어요. 미국과 영국에서 사용하는 거리 단위는 '야드'(yd)입니다. 영국 왕 헨리 1세가 팔을 쭉 뻗었을 때 코끝에서 엄지 손가락 끝까지의 길이를 1yd라고 하여 기준으로 삼은 것입니다. '피트'(ft)는 마찬가지로 헨리 1세의 발 크기를 기준으로 1ft가 된 것입니다. 당시는 왕이 세상의 중심이고 주인이었으니 '나를 기준으로 재라'고 했겠지요?

헨리 1세의 발 크기=1ft .

일본은 우리가 평수를 재는 것처럼 '조'(曹)라는 단위로 집이나 땅의 면적을 측정합니다. 옛날집에는 바닥에 돗자리를 깔았는데 '조'는 이같은 전통적인 건축 방식에서 나온 단위입니다. 당시엔 돗자리 속에 짚을 두껍게 넣어서 매트처럼 마루에 깔았는데 이때 돗자리의 평균 크기가 1조가 됩니다. 한 평의 크기가 2조 정도이니 두 사람이 누울 수 있는 면적이네요. 요즘에는 '조'와 같은 크기를 '첩'(帖)이라는 단위로 표시한다고 해요. 사람들이 '조'로 표시된 집은 바닥에 옛날처럼 돗자리가 깔려 있다고 오해할 수도 있어서 바꿨다고 합니다.

한 손은 모르지만
1마이크로그램은 안다

　각각의 단위로 길이, 부피, 무게 등을 재는 법칙을 '도량형'이라고 합니다. 물건을 주문하거나 주문이 들어온 것을 제작할 때 서로 생각하는 크기가 정확히 똑같지 않으면 계약이 성사될 수 없겠지요. 그래서 전 세계가 똑같은 방식을 사용하자고 약속했어요. 센티미터(㎝), 그램(g), 리터(ℓ)와 같은 단위가 공통으로 쓰는 표준화된 도량형입니다.

　나라마다 문화에 맞게 사람들이 쉽게 떠올릴 수 있는 단위를 쓰고 있었지만 세계 무역이 활발해지면서 대부분이 '옛날 단위'가 되고 말았는데요. 젊은 사람들은 모르는 단위가 많아진 탓에 전통 단위로 표시하면 다시 표준 방식으로 한 번 더 계산해야 하는 불편함도 생깁니다. 만일 할머니께서 "시장 가서 율무 두 되만 사오렴" 하고 심부름을 시키면 어떨까요? 아마 여러분은 곡식 가게 점원에게 "율무 두 되가 몇 그램인지 알려주세요"라고 부탁할 수도 있습니다. 그럼 그다음부터는 곡식 한 되가 대략 몇 그램인지 가늠하게 되겠지요.

개수를 세는 단위도 무엇을 세는지에 따라 전통 단위가 각각 다릅니다. 고등어는 두 마리, 한 묶음을 한 손이라고 해요. 네 마리는 두 손이 되지요. 두부는 한 모, 두 모라고 세고요. 밤이나 마늘은 한 톨, 두톨, 세 톨이에요. 하지만 요즘은 전부 몇 개라고 셉니다. 두부 한 개, 두개… 생선은 한 마리, 두 마리, 반 마리라고 하고요.

전통 단위가 사라지니 사용하는 단위를 들어보면 나이대를 짐작할수 있습니다. 단위가 어느 시점을 기준으로 갑자기 달라지기도 합니다. 여러분은 연필을 어떻게 세나요? 12자루가 한 상자에 담겨 있을 때 뭐라고 말하나요? '한 다스'라고 표현한다면 2021년 기준으로 30대 이상일 거예요. 12개를 뜻하는 영어 '다즌'(dozen)의 일본어식 발음인 다스(ダース)는 1997년 정부의 국어순화를 통해 '12개'로 풀어 쓰거나 '한타(打)'라고 쓰도록 바뀌었거든요.

환경이 바뀌면서 새롭게 익숙해진 단위도 있지요. 공기 속에 미세먼지 농도가 얼마나 되는지 나타내는 마이크로그램(μg)은 이제 매일 수치를 검색해보는 단위가 됐습니다. 지역별로 $1\,m^3$당 몇 μg으로 표시되는 미세먼지 농도는 기온과 강수량 같은 날씨 정보처럼 느껴지기도 해요. 1마이크로미터(μm)는 과학실에서만 볼 수 있는 0.001밀리미터(mm)정도의 초미세 단위이지만 점점 심각해지는 환경 오염 탓에 일상 용어로 변했습니다.

헤르츠(Hz)와 데시벨(dB). 모두 소리를 나타내는 단위인데요. 헤르츠는 소리의 진동수, 데시벨은 소리의 크기를 측정한 값입니다. 예전에는 헤르츠가 더 익숙했습니다. 라디오를 많이 들었던 시절에는 각 방송국의 주파수를 외워서 방송 시작 전에 얼른 헤르츠를 맞춰 채널을 돌려놨어요. 지금은 데시벨이 더 많이 사용되지요. 자동차나 전철, 비행기가 지나가는 소리, 층간소음, 스포츠 경기 응원전에 사용되는 도구도 데시벨을 측정해 법적으로 허용되는 수준인지 측정합니다. 많은 사람이 도시에 모여 사는 주거환경이 일반화되면서 각종 소음에 예민한 사람들이 늘었기 때문이죠.

평등하면 바뀌는 호칭들

명절에 많은 친척이 모이다 보면 처음 보는 사람이 꼭 한두 명 있게 마련입니다. 워낙 오랜만에 만나서 그럴 수도 있고, 아니면 정말 본 적이 없을 수도 있어요. 결혼한 뒤 첫 명절을 맞은 사람일 수도 있고요. 인사를 나누는 순간, 나와 어떤 관계이고 뭐라고 불러야 하는지 몰라서 고민에 빠집니다.

가족 간에는 촌수나 관계에 따라 부르는 말이 결정됩니다. 그래서 한국어 중에는 가족을 나타내는 호칭이 무척 많지요. 어느 영역에서 사용하는 단어나 어휘가 발달했다는 것은 그만큼 그 사회가 중요하게 생각하고 관심도 많다는 의미입니다. 가족뿐 아니라 학교, 회사 등 모든 관계에서 복잡한 규칙이 정해져 있는 호칭은 한국에서 특히 민감하고 예민한 부분이에요. 결혼한 사람들에게는 더욱더 복잡한 호칭의 세계가 펼쳐지기도 하고요. 요즘은 옛날부터 써왔던 호칭에 불편함을 느끼는 사람이 많아졌습니다. 불평등한 표현들 때문이에요. 그래서 오래

된 호칭을 바꾸기도 합니다.

가장 단순한 호칭은 이름이에요. '철수야' '영희야' '기범씨' '지원씨'처럼 친구와 동료를 부를 때는 고민할 필요가 없지요. 직책이나 직업은 조금 헷갈립니다. '김 부장님' '김 선수님' 뒤에 '님'을 붙여야 하는지, 너무 높여서 불렀는지, 예의 없어 보이는 건 아닌지 확신이 서지 않아요. 관계와 서열을 나타내는 호칭은 제대로 알기 전까지는 말하기 쉽지 않습니다. 사회적인 위치가 표시돼 있고 예절까지 포함돼 있으니까요.

나이와 지위에 따른 질서가 엄격한 유교 문화가 오래 이어졌던 한국은 호칭이 문제가 되는 경우가 많았어요. 내가 상대를 어떻게 불러야 하는지, 상대가 나를 어떻게 부르는지 신경을 많이 쓰기 때문에 감정이 상하는 일도 있고요. 회사에서는 이런 일이 잦아지면 일하는 데 지장을 줄 수 있고, 상사 눈치를 보다가 직원들이 할 말을 제때 하지 못하는 경우도 생깁니다. 그래서 아예 원칙을 정해 모든 직원이 똑같은 호칭을 사용하는 기업도 있습니다.

'브라이언' '메이슨' '션'.

한국에서 가장 유명한 기업인 '카카오' 직원들은 서로를 영어 이름으로 부른다고 해요. 직급으로 보면 가장 높은 세 사람. 김범수 의장과 여민수 대표, 조수용 대표도 직원들이 이렇게 영어 이름으로 부릅니다. 직원 대부분이 20대, 30대인 한국의 스타트업에서도 호칭을 이름으로 하는 게 보편적이에요. 영어를 쓰는 나라에서는 특별한 경우가 아니라면 서로 편하게 부르지만, 유교 문화가 강한 동아시아의 나라에서는 이름 호칭은 '혁명'이라고 불릴 만큼 획기적인 일이랍니다.

상급자는 직책에 '님'을 붙이고, 3인칭일 때는 '님'을 뺀다. 후배는 직책이 있으면 직책명으로, 없으면 ○○씨가 원칙이다. 기혼 여성은 35세 이하면 ○○씨, 36세 이상이면 ○○여사로 부르는 것이 바람직하다. 직책이 없다면 ○○씨라고 부르지만 신입사원은 상대를 '선배님'이라 부르는 것이 좋다.

1990년 신문기사에 실린 삼성그룹의 '기본 예절 지도 매뉴얼'입니다. 직원들 사이에서 호칭 때문에 오해나 갈등이 생기지 않도록 회사가 규칙을 정했죠. 여자 직원을 '최양' '미스 최'라고 부르는 것보다 '최선미 씨'라고 부르는 게 좋다는 안내도 있습니다. 대기업에서 여성 직원을 많이 채용하지도 않았고, 뽑아도 대부분 일반 사무직이 아니라 직급이 낮은 지원 업무가 많았어요. 그래서 호칭에도 차별적인 시선이 담겨 있던 거예요. 여성을 부르는 언어에 대해서는 다다음 챕터에서 더 자세하게 알아볼게요.

사회가 평등해지면서 호칭도 동등한 관계로 소통하는 수단이라는 인식이 커졌습니다. 2000년대 이후 수평적인 조직 문화를 만들려는 기업들이 늘어나면서 호칭도 크게 변했어요. '대리' '과장' '부장' 등 직책 뒤에 '님'을 붙이는 대신 무조건 이름 뒤에 '님' 또는 '매니저'를 붙여 서로를 부르도록 했습니다. 직급에 의미를 두지 말고 모두 동료로서 예의를 갖추도록 한 거예요. 나이와 직급 차이가 나는 후배와 똑같은 호칭을 쓰는 것이 이상하다고 느끼는 임원들도 있겠지만 정책으로 결정됐기 때문에 지켜야 했습니다. 후배가 선배를 '◇◇님'이라고 부르고 선배도 후배를 '○○님'으로 부르는 거죠. 지금은 이런 분위기가 익숙한 기업도 있어요. 하지만 다시 예전으로 돌아간 곳들도 있다고 해요. 호칭만 바뀐다고 기업 문화가 전부 달라지는 건 아니니까요.

대학에서도 요즘에는 선후배를 따지지 않고 이름에 '님'을 붙여 서로 부른다고 해요. 고학번이 후배를 '야'라고 부르고 반말을 하는 것이 불편하다고 느끼는 시대가 된 것이죠. 게다가 예전처럼 같은 학과 선후배들이 몇 년간 함께 어울려 지내는 문화도 없어졌기 때문이라고 합니다. 동아리나 학회, 학부에 소속되지 않고 몇 명의 친한 친구들과 생활하는 경우가 더 많다 보니 다른 학과나 다른 학번 학생은 조모임에서 잠시 함께 프로젝트를 하며 만나는 게 대부분이죠. 같이 공부해서 좋은 성적을 내기 위해 만난 동료 사이에 서로 부담을 갖지 않도록 이름에 '님'을 붙이는 호칭으로 통일한다고 해요. 선배라 바빠서 숙제를 조금만 하거나 후배라서 발표까지 맡아야 하는 게 아니라 서로 동등한 관계라는 것을 확인하는 의미도 있을 겁니다.

저는 기자로 10년 넘게 일했는데 회사에서 호칭으로 고민한 적은 거

의 없어요. 기자는 모두 각자 자신의 이름을 걸고 기사를 쓰는 직업이
지요. 그래서 '차장' '부장' '국장' 등 직책이 일하는 데 중요하지 않습
니다. 자신보다 경험이 많은 선배인지, 아니면 입사를 늦게 한 후배인
지 정도만 구분해서 호칭을 정해요. 막내는 회사에서 만나는 모든 사
람에게 '선배'라고 부르면 되고요. 후배나 동기는 보통 '◇◇씨' '◇기
자'라고 하거나 이름을 부릅니다. 나보다 선배라고 해도 '님'이라는 존
칭어는 붙이지 않아요. 편집국장도 '선배' 혹은 '국장'이라고 부릅니다.
다른 회사에 다니는 친구가 기자들 사이의 호칭을 듣고 '신기하다'라
는 이야기를 하기도 했죠. 어떤 말도 거침없이 해야 하고, 무엇이든 물
어봐야 하는 직업의 특성이 호칭에도 녹아 있는 것일까요?

" 일하는 사람들을 부르는 말

병원은 사람의 생명과 건강을 다루는 전문 의료기관이죠. 병원에서 일하는 사람들은 전문 의료인이고요. 그런데 간호사 선생님들이 호칭으로 곤란한 일을 겪는다고 해요. 환자들이 '선생님'이 아니라 '야' '어이'라고 막되게 부르는 경우가 종종 있다고 합니다. 여성 간호사에게 '아가씨'라고 하는 사람도 있다고 해요. 간호사 선생님들을 의료인으로 보지 않는 거예요. 하지만 간호사는 의료 전문 교육을 받은 뒤 국가고시에 합격해야만 될 수 있는 직업입니다. 국가 면허를 가진 전문가이죠.

간호사 선생님들의 호칭은 여러 번 바뀌어왔어요. 1903년 우리나라에 처음 간호원 양성소가 생겼을 때는 '간호원', 일제강점기에는 일본식으로 '간호부', 1951년 다시 '간호원'이 됐어요. '스승 사'(師)를 붙인 '의사'와 달리 간호원은 '어떤 일을 하는 사람'을 뜻하는 '원'(員)을 붙인 이름으로 불렸습니다. 그래서 사람들이 전문적인 의료진이 아니라는 오해를 하게 됐죠. 병원에서 의사와 똑같은 의료진인데도요. 1987년 의료법을 바꿔서 '사'(師)를 붙인 간호사로 호칭을 변경한 것은 의료 전문직인 간호사에 대한 인식을 바꾸고 열악했던 처우와 근무환경을 고치기 위해서였습니다. 긴급한 의료현장에서 간호사 역할이 의사와 마찬가지로 얼마나 중요한지 코로나19 사태를 통해서도 다시 한번 알게 됐잖아요? 호칭도 그에 맞는 '간호사 선생님'으로 불러야 합니다.

'직업에는 귀천이 없다'라고 말합니다. 하지만 육체노동과 서비스 직종의 예전 호칭에는 무시하는 듯한 시선이 담겨 있기도 해요. 과거 공장에서 일하는 생산직 노동자를 '공돌이' '공순이'라고 불렀던 것처럼요. 다른 집의 식사나 청소, 빨래 등을 돕는 사람을 예전에는 '식모'(食母)라고 했어요. 가사노동과 여성을 모두 비하하는 의미가 있어 '가정부'라고 바뀌었다가 지금은 '가사도우미'라고 합니다. 비슷한 맥락으로 집을 치우고 식사를 준비하는 것을 '집안일'이라고 대수롭지 않은 일처럼 부르기도 하지요. 지금은 '가사노동'으로 역할을 분명히 하는 언어도 생겼습니다. '운전수' '운전사'를 '운전기사'로, '청소부'는 '환경미화원'으로 호칭을 바꾼 것도 같은 이유입니다.

왜 여자만 여사님?

'영부인 ooo 여사' '대통령 부인 ooo씨'

대통령의 부인을 부르는 두 가지 호칭을 두고 논란이 됐던 적이 있습니다. 영어로는 '퍼스트레이디'라고 하죠. 대통령의 부인만 뜻하는 것이 아니라 원래 남의 아내를 높여서 부르는 말인 '영부인'(令夫人)이 예전에는 당시 대통령의 배우자만 가리키는 대명사처럼 쓰였습니다. '영(令)'부인은 대통령(大統領)의 '영'(領)과 다른 한자인데 똑같다고 오해해서 반드시 '영부인'이라고 불러야 하는 줄 아는 사람도 있었고요. 윗사람의 딸과 아들을 뜻하는 '영애'(令愛) '영식'(令息)도 대통령의 자녀에게만 쓰고는 했습니다. 과거 권위적인 정권이 정부의 모든 권력을 장악했을 때는 대통령과 그의 가족도 '높은 사람'이라고 생각한 듯해요. 청와대와 공무원들뿐 아니라 일반 시민도 대통령을 '각하'라고 불렀던 시절이니까요.

1980년대 시민들이 민주화를 이뤄내면서 대통령이 모든 정부 권력을 장악하는 시대가 끝났고, 이후에는 호칭도 달라졌습니다. 청와대는 실제 호칭과 공식문서 표기에서도 '영부인'이라는 말을 쓰지 않기로 했어요. 언론에서도 '영부인' 대신 '대통령 부인'이나 '여사'라는 말을 씁니다.

'여사'는 '결혼한 여자, 또는 사회적으로 이름 있는 여자를 높여 이르는 말'인데, '◇◇◇씨'라는 호칭보다 높임말이기는 해요. 하지만 여성을 남성과 구분하기 위한 '여사'는 성평등의 관점에서 바람직하지 않은 호칭이라는 의견도 있습니다. 예를 들면 같은 일을 하는 사람인데도 여자면 '여사님', 남자는 '선생님'이라고 부릅니다. 큰 업적을 이룬 여성도 남편이 유명한 사람이면 '선생님'이나 직책명으로 부르지 않고 '여사님'이 돼버리기도 해요. 운전이 미숙한 사람을 '김 여사'라고 조롱하듯 여성을 비하하는 의미를 포함하기도 하고요.

'김 여사'가 결혼한 여성을 부르는 대표 호칭이었다면 '미스 김'은 결혼하지 않은 여성을 대표했습니다. 영어로는 미혼 여성에게 'Miss' 기혼 여성은 'Mrs'(미세스) 뒤에 성을 붙여요. 반면에 남성은 결혼과 상관없이 '미스터'(Mr)와 성을 함께 부릅니다. 여성만 결혼했는지 따져서 호칭을 구별하는 것이 차별이라고 생각한 사람들이 '미즈'(Ms)라는 대안을 만들었어요. '미스터'처럼 여성도 결혼과 관계없이 평등하게 불릴 수 있어야 한다면서요.

'미즈'는 1960년대 등장했지만, 실제 사용까지는 상당히 오랜 시간이 걸렸습니다. 영국 등 서구 사회에서도 반대하는 사람들이 많았기 때문이에요. 유엔(UN)이 1974년에서야 여성 직원의 호칭을 공식적으로 '미즈'로 바꿨고, 옥스퍼드 사전에도 1976년에 실렸죠. 영국에서 가장 보수적이라고 평가받는 잡지인 〈더 타임스〉는 그로부터 10년 넘게 지난 1990년에야 처음으로 여성 등장 인물에게 '미즈'라는 호칭을 씁니다. 상대가 나와 동등한 관계라고 인정하지 않으면 호칭을 새로 만들어도 생활에서 정착하기란 쉽지 않습니다.

결혼한 배우자의 가족을 부르는 호칭에도 여자와 남자의 차이가 있습니다. 예를 들어 내가 여자라면 남편의 형에게 '아주버님'이라고 해요. 그런데 '아주버님'은 남동생의 부인인 나를 '제수씨'라고 부릅니다. 여성은 '님'으로 높여 부르지만, 상대는 자신을 '씨'라고 낮춰 대하는 거예요. 또 여자는 남편의 남동생에게 '도련님'이라고 하죠. 도련님

여성에게만 초보 운전자 시절이 있는 걸까?

이 장가를 갔다면 '서방님'이라고 불러야 합니다. 그런데 두 가지 호칭 다 이상한 구석이 있어요. '도련님'은 과거에 나보다 신분이 높은 남성을 부르는 말이었고, '서방님'은 자신의 남편을 높여 부르는 호칭이거든요. 지금 시대에 맞지 않는 가부장적인 말들입니다. 국립국어원은 '도련님' 대신 자녀의 이름을 붙여서 'ㅇㅇ삼촌'으로 부르거나 서로 이름으로 부르는 것이 좋다고 권장합니다.

일본에서 남편을 부르는 호칭 중에 '슈진'[主人]이라는 단어가 있습니다. 한자를 풀면 '주인'이라는 뜻이에요. 여자가 남자에게 종속돼 있었던 과거의 호칭이 사라지지 않고 계속 사용되고 있는 거죠. 1990년대까지만 해도 결혼한 여성 대부분이 남편을 '슈진'이라고 불렀지만 지금의 젊은 사람들은 거의 사용하지 않습니다. 대신 '남편'을 나타내는 한자 '옷토'[夫]나 '파트너'라고 부르죠. 다른 사람의 남편은 여전히 '슈진'이라는 호칭을 쓰기는 한다고 해요. 내 남편은 아니라도 다른 사람의 남편이니 존칭어를 써야 한다고 생각하는 것일까요?

서열을 정해 호칭을 정리하지 않으면 질서가 무너진다고 생각하는 사람들도 있었습니다. 하지만 요즘은 이런 '호칭 정리'가 오히려 대화하기 싫은 요인으로 작용합니다. 위아래를 따지는 자체가 관계를 멀어지게 하니까요. 서로를 같은 위치에 놓는 평등한 호칭이 내가 존중받는 관계를 만들 수 있는 시작이 아닐까요?

사라진 '양순대'와 '왜간장'

언어는 살아있는 '생물'(生物)이라고 합니다. 어느 날 세상에 태어나 사람들의 입에 오르내리고 시간이 흘러 모습이 변하기도 합니다. 나이가 들면 힘을 잃고 사라지기도 해요. 한때 전 국민이 알던 유행어도 10년이 지나면 옛말이 됩니다. 언어도 죽으면 사람의 이름이 문서와 책에 남듯이 어딘가 기록으로만 남지요.

'나' '너' '우리' '좋아' '행복해' '사랑해' '싫어' '미워'…. 이런 단어들처럼 변하지 않는 어휘가 있는가 하면, 변형되고 심지어 없어지고 마는 어휘도 있습니다. 지금은 쓰지 않거나 의미가 달라진 언어에는 어떤 속사정이 있을까요?

'양순대'라는 단어를 지금 처음 봤다면 무엇을 뜻하는 단어일지 맞춰보세요. 정답은 '소시지'입니다. 돼지 창자를 깨끗이 씻어 속을 채운 순대는 고려 시대에도 먹었던 음식이라고 해요. 그런데 외국과 교역이 시작된 후 들어온 외국 음식 중에 똑같은 음식이 있지 뭐예요? 돼지

양순대 vs. 순대.

창자에 고기를 갈아서 채운 소시지를 처음 본 사람들은 '서양에서 온 순대'라는 의미에서 '양순대'라는 이름을 붙였습니다.

'양철' '양은 냄비' '양옥' '양담배' 역시 출신지를 밝히고 있는 단어들입니다. 이제는 '소시지'처럼 외래어를 그대로 쓰거나 구분할 필요가 없어 일상 용어에서는 사라졌습니다. 양담배는 곰방대로 피우던 전통적인 '담배'와 '서양의 담배'를 구분한 것인데 오히려 양담배가 지금은 '담배'의 대명사가 됐지요. 서양에서 왔다는 표시는 여전히 남아 있지만 뜻을 모르는 사람이 많은 단어도 있습니다. '양배추' '양파' '양궁' '양말' '양복' '양변기' '양동이'…. 지금은 그냥 '양'으로 시작하는 말이라고 생각하기도 해요. 옛날 사람들은 서양에서 가장 큰 나라 미국에서 온 제품에 '미제'라는 이름을 따로 붙이기도 했어요. '미제 초콜렛' '미제 향수'라고요. 당시 '미제'라는 말은 '품질이 아주 좋다'는 의미로 통했습니다. 우리보다 산업이 발달한 미국에서 만들었으니 그 품질을 따져 무엇하랴, 라는 생각이 있었던 것이지요. 지금은 한국산이 세계 1위로 인정받는 제품도 많은데 말입니다. 시대가 변하면서 사라진 표현이네요.

출신 국가를 나타내는 접두사에는 일본을 뜻하는 '왜', 중국을 뜻하는 '호'나 '당'도 있습니다. '왜간장'은 개화기 이후 우리나라에 들어온 일본식 간장인데 보통 집에서 직접 만들어 먹었던 우리 간장과 달리 공장에서 대량 생산해 판매했기 때문에 공장식 간장을 의미했지요. '왜간장'과 구분하여 우리의 전통 간장임을 강조하려고 만든 '집간장' 혹은 '조선간장'이라는 말도 이때 생겼습니다. 요즘 '스키야키'라고 부르는 '일본식 전골'도 '왜전골'이라고 했고, 일본식 낫은 '왜낫'이라고 불렀어요. 그럼 '호콩'은 어떤 콩일까요? 바로 '땅콩'입니다. 국산 콩과 구분하려고 '중국에서 들어온 콩'이라는 이름을 붙인 것입니다. '당면' '호주머니' '호떡' '호두' 역시 중국에서 왔다는 표시이지만 지금은 '양배추'와 마찬가지로 어원을 생각하지 않고 사용하는 사람이 더 많습니다.

불편해질수록 나아지는 언어

사람은 모두 평등한 권리를 가진다는 '인권'이라는 말은 언제부터 사용했을까요? 지금은 너무 당연한 말이지만 이 단어가 세상에 나온 건 100년도 되지 않았습니다. 신분에 따라 양반과 평민, 노비로 나뉘었던 시대에는 평등하다는 개념도 없었으니 당연히 언어도 존재하지 않았지요. '귀한 사람도 천한 사람도 없다'라는 새로운 생각을 하게 될 때 비로소 인간의 권리, 인권이라는 언어도 등장합니다.

반대로 지금까지 당연하게 생각했던 것이 당연하지 않게 된다면 어떻게 될까요? 인간의 평등을 선언하고 노예제가 폐지되면서 그전까지 당연하게 존재했던 '노예'가 사라졌습니다. 더는 사람이 사람을 소유하거나 지배할 수 없도록 법을 고치면서 '노예'라고 부를 수 있는 사람은 없다는 생각도 하게 된 것이지요.

사람들의 생각은 달라졌는데 말이 바뀌지 않으면 그 말은 불편한 언어가 됩니다. 얼마 전까지만 해도 장애가 없는 사람을 '정상인'이라고 했어요. 지적 장애인을 '정신지체자'라고 했고요. '정상인'은 장애 있는 사람을 비정상으로 만들고, '지체자'는 느리고 모자란 듯한 편견을 갖게 하는 차별적인 말입니다. 그래서 더는 쓰지 않아요.

소보로라는 빵이 있지요. 밀가루와 버터, 설탕 등으로 만드는 빵인데, 윗 부분에 쿠키 반죽을 올려 바삭하게 구운 게 특징이지요. 이 빵의 이름은 일본어 '소보로'(そぼろ)에서 유래했어요. 원래는 돼지고기 등을 잘게 다져서 볶은 요리를 뜻하는 말이라고 해요. 그런데 일본에는 빵 중에 '소로보'라는 게 없답니다. 이 이름은 어디서 온 것일까요? 볶은 고기가 뭉쳐진 모양이 울퉁불퉁한 빵의 윗부분과 닮았다고 해서 붙여진 것으로 추정되는데요. 예전에는 이 빵을 '곰보 빵'이라고 불렀어요. '곰보'는 천연두 등을 앓아서 얼굴에 상처가 많이 나 있는 사람을 비하한 단어예요. 그래서 '곰보 빵' 대신 '소보로'가 됐습니다. 보통은 일본어를 우리말로 바꾸는데 이 경우엔 우리말 단어가 차별적인 뜻을 담고 있어서 일본어가 대체했습니다. 사회의 소수자와 약자를 배려심 없이 구분 짓는 언어가 어떻게 욕이 되는지는 4장에서 더 자세히 알아볼게요.

시민 의식과 문화 수준이 발전하면 사회 구성원들의 가치관과 경험도 달라집니다. 습관처럼 썼던 말이 다른 사람에게 상처를 줄 수 있다는 생각도 하게 되고요.

선진국과 후진국 혹은 개발도상국으로 전 세계 나라를 나누는 언어도 그렇습니다. 2021년 언론이 떠들썩했던 뉴스가 있었어요. 유엔무역

개발회의(UNCTAD)가 한국의 지위를 개발도상국에서 선진국으로 변경했다고 발표했거든요. UNCTAD는 나라 간 경제 격차를 줄이기 위해 선진국이 아닌 국가를 지원하고 무역을 늘릴 수 있도록 돕는 기구입니다. 1964년 처음 설립됐는데 선진국이 아니었다가 선진국이 된 사례는 한국이 57년 만에 처음이었어요.

이제는 한국도 포함된 '선진국'(先進國)은 영어로 'developed country'라고 써요. 유엔 등 국제기구나 학계에서 공식적으로 쓰는 표기입니다. '개발된 나라'를 가리키는 말이죠. 그때 그때 맥락에 따라서 '산업화된 나라(industrialized country)'라고 하거나 '고소득 국가(high-income country)'라고 하기도 해요.

한국에선 선진국이 아닌 나라를 '후진국'(後進國)이라고 부르는 걸 들어봤을 거예요. 영어로는 'underdeveloped country', 개발되지 않은 나라, 즉 '저개발국'입니다. '개발도상국'이라는 단어도 있지요. 영어로는 'developing country', 말 그대로 개발이 진행되고 있는 나라 즉 성장하고 있는 나라는 의미입니다.

개발된 상태나 단계를 뜻하는 영어 표현과 달리 한국식 '후진국'이라는 표현은 뒤처져 있다는 뜻을 담고 있습니다. 이 말을 듣는 국가 사람들은 아마 기분이 좋지 않을 거예요. 경제적으로 발전하지 않았다고 해서 국민이 불행한 것도 아니고 각자의 문화를 누리며 삶을 이루고 있는데 나라들을 줄세워서 등수를 매기듯 뒤처져 있다고 평가한 것이니까요.

선진국과 개발도상국을 나누는 기준은 무엇일까요? 국민 한 사람당 소득, 최저 수준의 생계비도 벌지 못하는 인구의 비율, 신생아 사망률 등 다양한 통계 수치를 사용하지만 명확하게 제시된 정의는 없습니다. 유엔과 세계은행 등에서 그때 그때 다른 수치를 적용해 '개발도상국'을 지원하지요. 개념이 모호하니까 보통 '잘 사는 나라'와 '못 사는 나라'로 생각하기 쉬워요.

후진국에서 '개발도상국'으로 단어만 바뀌었을 뿐 각 나라가 쌓아 온 역사나 문화, 국민이 가진 생각은 고려되지 않은 채 '평가를 당하는 것'은 똑같습니다. 그래서 이렇게 나라를 나누는 것을 조심해야 한다는 목소리가 나오고 있어요. 나에 대해 잘 모르는 사람이 나의 한 부분만 보고 '너는 잘사는 사람' '너는 못사는 사람'이라고 말하는 것과 비슷하지 않을까요? 특히 선진국이라는 말과 개념을 만든 것이 산업화가 빨랐던 서구인 만큼 그들의 시선으로 세상을 보며 나라를 줄 세웠다는 지적도 있습니다.

앞에 호칭에 대한 챕터에서도 나왔지만, 서열을 나누는 언어는 점점 더 불편하게 느껴집니다. 서울로 올라가고, 지방으로 내려간다는 표현도 그래요. 춘천이나 속초는 지도에서 보면 분명히 서울보다 북쪽에 있는 도시예요. 그런데도 서울 사람들은 '속초에 내려간다'라고 합니다. 북쪽 지역에 사는 사람들도 '서울로 올라간다'라는 표현을 쓰고요. 나라의 수도인 도시이니까 전국에서 가장 좋은 곳이라고 생각하는 고정관념이 언어에도 반영된 것 아닐까요? 지역 방언이 개그의 소재가 되

EQUALITY   EQUITY

공정함이란 무엇일까?

고, 사투리를 쓰는 사람이 어색하게 서울말 쓰면 웃는 것도 마찬가지입니다.

서열을 나타내는 언어를 계속 쓴다면 차별의 문제는 해결되지 않습니다. 우위에 있다고 생각한 쪽이 일부러 말을 만들기도 하겠죠? 말은 생각을 담는 그릇입니다. 평등한 사회일수록 이런 차별적인 표현이 사라지는 것은 당연한 일일지도 모릅니다.

빙하가 녹으면 함께 사라지는 말

'아 다르고, 어 다르다.' 작은 차이가 전혀 다른 해석으로 이어질 수 있다는 속담이죠. 다음 두 문장의 미세한 차이를 찾아보세요.

'사람이 원인인 것이 확실하다.'
'사람이 원인인 것이 명백하다.'

'아' 다르고 '어' 다른 차이가 느껴지나요? 서술어가 살짝 바뀌었죠. '확실하다'라는 건 '틀림없이 그렇다'라는 뜻이고, '명백하다'라고 할 땐 '의심할 여지도 없이 아주 확실하다'라는 것으로 말하는 이의 자신감마저 느껴집니다. 이를테면 "확실해?"라고 물어본 사람에게 "진짜, 정말, 완전, 100% 확실하게 그래!"라고 단정해서 답하는 느낌이죠.

유엔에서 온난화 등을 연구하는 기관인 '기후변화에 관한 정부 간 협의체(IPCC)'가 2021년 발표한 보고서의 내용을 같이 보겠습니다.

"인간의 영향으로 대기와 해양, 육지가 온난화한 것은 명백하다 (unequivocal)."

기후변화의 원인이 인간 때문이라고 단언하고 있습니다. 진짜, 정말, 완전, 100% 확실하게 인간이 원인이라는 거예요. 7년 전인 2013년 보고서를 볼까요?

"기후시스템에 대한 인간의 영향은 확실하다(clear)."

2021년 보고서가 더 단호한 말투입니다. IPCC가 인간의 책임을 과거와 다른 방식으로 표현한 것은 더는 원인을 토론하고 있을 시간적인 여유조차 없다는 의미이지요. 지구 온난화에 따른 기후변화가 지구의 모든 생태계를 파괴하고 있고, 그 속도가 점점 빨라지기 때문입니다. 과학자들은 수십 년 전부터 '당장 행동을 바꾸지 않으면 안 된다'고 경고했어요. 화석연료, 플라스틱, 에어컨 등 지구의 온도를 높이는 행동들을 당장 멈추라고요. 하지만 사람들의 습관이 변화하는 데는 시간이 오래 걸립니다.

그래서 기후변화의 심각성을 이야기하는 말투는 점점 더 단호해지고 있습니다. 영국의 언론사인 〈가디언〉은 2019년부터 '기후변화'(climate change) 대신 '기후위기'(climate crisis)라는 말을 씁니다. 기후학자들은 '지구 온난화'가 아니라 '지구 가열'이라고 표현해요. 어떤 사람들은 "지구 온난화는 거짓말"이라며 상황의 심각성을 부정하기도 하는데, 지금까지는 이들을 '기후변화에 회의적'이라고 표현했지만 이 제부터라도 '기후변화를 부정'하는 사람들이라고 말하자는 주장도 있 습니다.

지구 온난화는 생태계뿐 아니라 언어에도 영향을 미쳐요. 전 세계에 는 약 7000개의 언어가 존재하는데 유네스코는 2100년이면 이 가운데 절반이 사라질 것으로 보고 있어요. 소수 언어를 쓰는 사람들이 돈을 벌기 위해 대도시로 이동하는 일도 많고, 외부와 소통을 위해 영어 등 세계 공용어를 쓰는 지역도 늘어서 원주민 말을 예전만큼 많이 사용 하지 않습니다.

게다가 기후변화가 계속되면 마을이 사라지거나 나라가 없어질 수 도 있어요. 빙하가 녹아 해수면이 상승하면서 물에 잠기는 곳들이 생 기는 거예요. 자신들만의 언어를 쓰던 사람들이 안전한 곳을 찾아 뿔 뿔이 흩어지게 되면 언어도 사라질 수밖에 없습니다. 그러면 언어에 담 긴 역사와 지혜도 함께 소멸할 수 있고요. 문자를 봐도 해석할 수 있는 사람이 없을 수도 있겠죠. 기후변화를 말하는 데 더 강한 언어가 필요 한 이유입니다.

'너무'를 너무 많이 사용하면?

전부터 가지고 싶었던 물건을 친구가 생일에 선물해줬습니다. 너무 기쁘고 고마운 나의 마음을 전하고 싶어요! 어떻게 메시지를 보낼지 선택해보세요.

- "정말 고마워!"
- "진짜 짱 고마워!"
- "완전 미쳤다. 너무 고마워!"
- "소오름! 진심 개고마워!"
- "존O, 압도적 감사!"

의미는 똑같습니다. 뒤로 갈수록 고마운 감정이 격해진다는 느낌이 들 뿐이에요. 이번에는 반대로 친구한테 화가 난 상태를 메시지로 보내볼게요.

👤 "너무 화가 나!"
👤 "완전 열받아!"
👤 "진짜 딥빡!"
👤 "아, 킹받네!"
👤 "존O, 개빡침!"

마찬가지로 같은 뜻이지만 감정의 농도가 뒤로 갈수록 짙어지고 있습니다. 한국어는 부사라는 품사를 통해 상황, 감정, 현상의 정도를 나타내지요.

'정말, 너무, 진짜, 아주, 무척, 참, 대단히, 꽤, 되게, 엄청, 매우…'

이런 단어들이 모두 부사입니다. 얼마큼 고마운지 화났는지 부사를 보면 알 수 있어요. 그런데 요즘은 부사가 아닌 품사들이 부사의 역할을 하는 경우가 늘어나고 있다고 해요. 앞의 문장들을 볼게요.

'완전' '진심' '개-' '존x' '쌉-' '딥-' '킹-'

감정의 격함을 나타내고 있는 낱말을 뽑아봤습니다. '완전'과 '진심'은 명사입니다. '개-' '쌉-' '딥-' '킹-'은 접두사처럼 보이기는 하지만 비속어여서 형태를 정의하기 어렵습니다. '존x' 역시 비속어고요.

부사는 원래 감정의 농도보다는 의미에 따라 문장에 따라 어울리는 종류가 따로 있습니다.

'정말 예쁘네.' '참 고맙다.' '꽤 심각했어.' '대단히 훌륭한 사람입니다.'

상황에 맞는 적절한 부사가 있을 뿐이지 어떤 것이 더 강하다고 하기는 어려워요. 다른 부사를 쓴다고 틀린 말은 아니지만, 더 자연스러운 표현이 있는 것이지요. 변화가 생기기 시작한 것은 '너무'라는 부사를 사람들이 너무 많이 사용하기 시작하면서예요.

'너무 기분이 좋아.' 이 문장은 예전 맞춤법에서는 틀린 표현이었습니다. '너무'는 부정적인 의미에서만 사용하는 부사였거든요. '일정한 정도나 한계에 지나치게'라는 뜻이었기 때문이에요. '너무 좋다'라고 표현하면 어색한 것이죠. 그런데 어느 순간부터 '정말' '진짜'가 들어가던 자리를 '너무'가 차지하는 일이 많아졌어요. 부사의 대부분이 '너무'로 채워질 정도로요. 너무 좋고, 너무 싫고, 너무 바쁘고, 너무 졸리고, 너무 신나고….

결국, 2015년 국립국어원은 '너무'의 뜻을 '일정한 정도나 한계를 훨씬 넘어선 상태로'라고 수정했습니다. 긍정과 부정을 구분하지 않고 쓸 수 있도록 한 거예요. 사람들은 왜 '너무'를 너무 많이 쓰게 된 것일까요?

언어학자들은 한국어 말투가 점점 더 강하고 센 수식어를 찾는 쪽으로 바뀌고 있다고 분석합니다. 감정을 확실하고 선명하게 전달할 수 있는 단어를 말 속에서 계속 찾는 거예요. 사회가 불안정하고 복잡해질수록 그런 경향성이 생긴다고 해요. 예를 들어 '세차게 마구'라는 뜻의 부사로 '딥다'라는 단어가 있어요. "놀러 갔다가 고생만 딥다 했어"라는 식으로 씁니다. '들입다'의 준말로 '정말' '꽤'보다는 강한 표현인데 사람들은 '딥다'를 '맵다'라고 바꿔쓰고 있어요. '맵다 크다.' '맵다 맵다.' 더 강하게 들리니까요. 하지만 '맵다'도 요즘 쓰는 말에 비하면 세다고 느껴지지 않습니다.

좋은 것과 나쁜 것 중에 어떤 쪽을 표현할 때 더 강한 단어를 찾게 될까요? 당연히 나쁜 쪽이죠. 좋을 때도 부정적인 문장에 사용했던 부사 '너무'를 가져다 썼던 이유가 이해되지요?

"

'더 센 말'을 찾는 감정의 인플레이션

센 말도 자주 쓰다 보면 익숙해집니다. '정말 좋아'를 강조하려고 '너무 좋아'로 바꿨지만 이젠 둘 다 똑같이 느껴지듯이 말이에요. '너무'를 대체할 더 강한 말이 필요해졌습니다.

왕, 캡, 짱, 개, 핵, 존, 쳐, 찐, 킹…

'맛있다'라는 뜻의 '맛'에 위 단어들을 차례로 붙여보면 모두 '너무 너무 맛있다'라는 뜻이 되지요. 오른쪽으로 갈수록 요즘 등장한 말이니까 '왕맛'보다 '킹맛'이 더 맛있어 보일 수도 있어요.

부사로 만족하지 못한 사람들은 명사 형태로 강한 말을 만들기 시작했습니다. 대표적으로 '완전'은 원래 부사가 아니라 명사인데 '아주' '매우' '꽤'보다 세게 상황을 긍정하거나 부정할 때 사용하죠. '짱' '캡' 등 시대에 따라 강조 비속어도 꾸준하게 생성되고요. '역대급'이라는 말을 붙여 '최고'를 나타내기도 해요. '최고 맛집'보다 '역대급 맛집'이 훨씬 맛있는 가게 같지요.

한 번 자극에 노출되면 뇌에서는 그보다 약하거나 부드러운 자극은 시시하다고 느낍니다. '찐'이 등장한 지 얼마 되지 않아서 '킹'이 나왔던 것처럼요. 유튜브에서 시작된 유행어 '킹받네'라는 말은 영어 '킹'(king)과 '열받네'를 합친 신조어예요. 청소년들이 많이 쓰는 '쌉'이라는 낱말도 마치 접두사처럼 여기저기 붙여 씁니다. '쌉가능'이 대표적이죠. 이 단어가 어떤 뜻인지를 두고는 의견이 여러 가지입니다. 여성의 성기를 뜻하는 비속어 '씹'이라고도 하고, '삽질한다'의 사투리 '쌉'이라고도 합니다. 비속어라면 지나친 욕설에다 여성혐오 표현이기 때문에 쓰면 안 되는 말이에요. 하지만 소셜미디어는 물론 신문과 방송, 광고에까지 퍼져나가고 있어요.

감정을 부정적인 단어로 나타내면 뇌에는 좋지 않은 신호가 될 수도 있다고 해요. 습관이 되면 좋은 일도 기쁜 감정보다 화나 분노의 감정으로 인식할 수 있어요. 더 센 말, 더 자극적인 비속어 표현이 부정적인 의미를 강조하기 때문이에요. 화가 나서 비속어를 썼는데, 막상 사용하고 나니 그 비속어 때문에 화가 더 나는 것처럼요.

'킹' '쌉'에 익숙해지면 얼마나 더 센 표현이 필요해질까요? 짜장면의 값은 1970년대 200원에서, 1980~1990년대 1000원 안팎까지 올랐다가 2010년 4500원, 2020년대 5000원대를 넘어섰습니다. 물가가 이렇게 시간에 따라 점점 올라가듯이 감정 표현에도 인플레이션이 일어나고 있습니다.

> "학생들의 언어에서는 야유 저주조의 말씨가 많이 발견된 것도 주목을 끈다. 퇴폐적인 사회 분위기가 다분히 학생들의 언어 심리에까지 번지고 있는 듯하다. 깡패들이 사용하던 말이 학생들 사회에서도 많이 사용되고 있는 것으로 나타났다."

'웃기네' '별꼴이 반쪽이야' '망할놈' '때려죽여' '날 잡아먹어' '양아치' '공갈'···. 자신의 언어생활에서 '아름답지 못한 말'이 무엇인지 물어봤더니 이렇게 답한 학생들의 언어생활을 어떻게 봐야 할지 분석한 기사입니다. 말이 너무 거칠고 강한가요? 아니면 딱히 문제가 없는 말로 보이나요?

기사는 1972년 작성됐습니다. '문제가 없다'라고 느꼈다면 40년이라는 시간이 흐르는 사이에 우리말이 얼마나 강하고 세졌는지도 느꼈을 거예요. 당시 초등학교 2학년과 5학년, 중학교 2학년 학생 1200명을 대상으로 했던 설문 조사였습니다. 이번에는 옛날 학생들은 꼽은 '아름다운 말'도 같이 볼게요.

'안녕' '미안' '잘있어' '고마와'

만나고 헤어지고 사과하고 감사할 때 쓰는 인사말이네요. 요즘 유행하는 부사와 접두사를 붙였을 때보다 진심이 더 강하게 느껴지지 않나요? 여러분은 어떤 아름다운 말을 사용하고 있나요?

> ## 주문하신 커피 나오셨습니다

'선생님 말씀이 있으시겠습니다.'

'주문하신 커피 나오셨습니다.'

얼핏 보면 두 문장은 같은 방식으로 상대를 높여서 말하고 있습니다. 말하는 사람이 각자 선생님과 손님을 존대하려고 '선생님의 말씀'과 '주문하신 커피'를 높였지요. 이런 것을 간접 높임 표현이라고 하는데요. 사람을 직접 높이지 않고 신체, 성품, 소유물, 심리 등에 높임말을 붙이는 것입니다.

선생님의 말씀이 '있으신' 것처럼 할머니의 손은 '크시다'라고 합니다. '커피'도 손님 것이니 간접으로 높여도 되는 걸까요? 국립국어원은 아니라고 판단합니다. 고객이 산 물건이기는 하지만 일반적인 '커피'를 높이는 대상으로 볼 수 없다는 거죠. '주문하신 커피 나왔습니다'라고 하는 것이 자연스러운 표현입니다.

'만 원 나오셨습니다.'

'그 사이즈는 품절이세요.'

'그 메뉴는 안 되세요'

마찬가지로 금액과 사이즈, 메뉴를 높인 어색한 표현이에요. '만 원입니다' '그 사이즈는 품절입니다' '그 메뉴는 안 됩니다'라고 하는 것이 문법에 맞습니다.[•]

'손님은 왕이다'라는 말이 있기는 하지만, 돈을 내고 상품이나 서비스를 사는 가게에서는 정말 왕처럼 아무렇게나 해도 된다고 생각하는 사람들이 있어요. 친절하게 응대를 해도 '왕'처럼 떠받들지 않았다며 무례하다고 화를 냅니다. 그래서 말을 억지로 더 높이다 보니 '품절이

억지 높임말을 쓰는 것이 정말 친절한 행동일까?

세요'와 같은 이상한 말이 탄생하게 됐어요. 존칭보조어간 '시'는 '하시다' '드시다' '계시다'처럼 존칭을 만드는 말인데 이것을 아무 곳에나 붙이는 거예요.

'찾으신 품목은 없으십니다.'
'주문하신 건 포장이실까요?'

익숙한 표현이지만 잘못된 존댓말입니다. '찾으신 품목은 없습니다' '주문하신 건 포장해 드릴까요?'라고 하는 게 맞지요.

'옆으로 이동하실게요.'
'줄은 이쪽으로 서주실게요.'

가게에서 점원이 흔히 하는 말이지만 역시 이상한 표현입니다. 존칭을 만드는 '시'와 '할게요'를 합친 말인데 문맥으로 보면 무슨 뜻인지 헷갈려요. '~할게요'는 사람의 의지를 나타낼 때 쓰는데 '이동하실게요'라고 하면 이동하는 주인공은 말한 사람, 즉 점원이 되는 거예요. 그런데 손님을 위한 존칭의 '시'가 붙어 있으니 누가 움직여야 하는지 알 수 없게 된 문장입니다.

손님에게 길을 비켜달라는 의미라면 '옆으로 이동해주세요'가 맞습니다. 자신이 지나갈 테니 손님에게 비켜달라는 거면 '옆으로 이동할

게요'라고 말하고 지나가면 되지요. 줄은 보통 손님이 서니까 '이쪽으로 서주세요'가 올바른 표현입니다.

'저한테 여쭤보세요.'

존댓말에 너무 신경을 쓰면 엉뚱한 것을 높여서 부르기도 합니다. 점원이 자신에게 높임말을 쓰는 실수입니다.

'주문 도와드리겠습니다.'
'결제 도와드리겠습니다.'

대형 프랜차이즈가 만든 점원들의 매뉴얼에도 포함된 익숙한 존댓말입니다. 문법과 맞춤법에서 틀린 것은 아니지만 손님을 높이는 말로서는 적절하지 않습니다. 주문과 결제는 손님이 결정하는 행동이에요. '돕겠다'라고 하지만, 점원의 역할은 주문과 결제를 '받는 것'입니다. 무엇을 살지, 어떻게 돈을 낼지는 손님이 할 일이고요.

'주문하시겠어요?'
'결제하시겠습니까?'

점원의 역할은 손님의 결정을 실행하는 것이죠. '돕다'라는 동사의 의미가 '일이 잘되도록 힘을 보탠다'라는 뜻이니 괜찮지 않냐고 할 수 있지만, 과도한 존댓말 문체입니다. 영어로 손님에게 'May I ~'라고 물어보는 말투를 번역한 것이라는 분석도 있어요.

식당이나 가게에서 수시로 오가는 이상한 존댓말은 사실 점원들도 잘못됐다는 걸 알면서 쓰고 있다고 합니다. 아르바이트 사이트에서 2000명이 넘는 알바생에게 물어보니 '잘못된 표현인 줄 알지만, 안 쓰면 어색하고 손님이 무례하다고 생각할까 봐 쓴다'(44.6%)라는 답변이 가장 많았다고 해요. 실제로 이런 어색한 존댓말을 하지 않았을 때 '불친절하다'는 말이나 항의를 들은 적도 있다(35.9%)고 합니다. 잘못된 표현인 줄 몰랐던 알바생은 9%밖에 되지 않았어요.

틀린 표현인데도 계속 쓰니까 이제는 오히려 당연히 해야 하는 말로 굳어진 거예요. 알바생들은 문법이 파괴된 이런 극존칭을 쓰는 것이 '감정노동'이라고 생각(68.4%)하고 있었습니다. 갑질 사회의 단면을 보여주는 언어인 셈이네요.

고객 존중은 예의를 갖춘 친절한 태도, 올바른 존댓말 정도면 충분하지 않을까요?

선생님이 너 오시래

너무 예의를 갖추다 보면 오히려 말실수가 생기기도 해요. 한글과 한국어를 연구하는 시민단체인 한글문화연대에서 평소 사람들이 많이 틀리는 높임말을 소개하는 책자를 만들었는데 한 번쯤 해봤던 실수가 소개돼 있습니다.

"궁금한 점 계시면 문의해주세요."

'있다'의 높임말인 '계시다'는 '선생님이 교실에 계시다'처럼 쓸 수 있어요. 그런데 '있다'라는 단어는 '존재한다'라는 뜻 외에 '사물 등을 가지고 있다'라는 의미로도 써요. 이럴 때는 '있으시다'가 더 자연스러운 높임말이 됩니다. "궁금한 점 있으시면 문의해주세요"라고 하는 거죠.

"선생님께서 너 교무실로 오시래."

누가 오시는지 생각해보면 잘못된 점을 찾을 수 있어요. '너'가 '오신다'라는 뜻이니까 틀린 문장입니다. 선생님께선 '교무실로 와라'라고 말씀을 하셨겠죠. 그래서 '오라고 하다'를 높여야 해요. "선생님께서 너 오라고 하신다"가 맞습니다.

회사에서 먼저 퇴근할 때 "수고하세요"라고 인사합니다. '수고'는 '힘을 들이고 애를 쓴다'라는 의미에요. 이미 수고하고 있는데 '더 애쓰세요'라고 하는 건 썩 듣기 좋은 말은 아니지요. 윗사람에게 쓰면 예의도 없습니다. 인사는 "먼저 가보겠습니다" "안녕히 계세요"라고 하면 됩니다. 정말 수고를 위로하려면 명령형이 아니라 "수고하셨습니다" "수고가 많으십니다"라고 말하고요.

'돈이나 상품, 서비스가 사람보다 높을 수는 없습니다. 사람이 돈보다 귀합니다.'

한글문화연대의 높임말 책에 적힌 문구입니다. 이상한 존댓말로 사물을 높이는 대신 가장 귀한 사람을 존중하는 마음을 담는 것이 진짜 높임말이라는 의미로 들리네요.

어휘력의 시계는 거꾸로 간다?

'상쇄' '일탈' '가제' '문외한' '위화감' '단아하다' '주옥같다'···.

중학생과 고등학생들이 '뜻을 모른다' '들어본 적이 없다'라고 해서 화제가 됐던 단어들입니다. '청소년 어휘력이 심각한 수준'이라고 신문과 방송을 통해 보도되기도 했어요.

'어휘력'이란 어휘를 정확하고 다양하게 쓸 줄 아는 능력이에요. 단어, 관용어, 속담 등 아는 말도 많고, 그 뜻을 잘 이해해서 내가 필요할 때 정확하게 사용하는 능력이지요. 언어의 유래나 언제 어떤 말을 써야 하는지 잘 알고 있다는 의미이기도 합니다. 어휘력이 있어야 글도 잘 쓰고 말도 잘할 수 있어요.

청소년의 언어생활을 걱정하는 선생님과 부모님들은 "아이들이 예전보다 모르는 말이 많고 표현력이 부족하다"라고 말합니다. 어휘력이 부족하다는 의미입니다. '빈어증'(貧語症)이라는 말이 생길 정도라고

이게 다 무슨 뜻일까?

해요. 피가 부족하면 빈혈이 생기듯이 어휘가 부족해 대화가 끊기는 현상을 말하는데요. 이런 증상을 보이는 학생들이 많아서 수업 중에 과목 내용보다 교과서에 나오는 단어를 설명하는 데 시간이 더 걸린다고 해요.

빈어증의 원인은 다양한데 과거보다 학교에서 언어 교육을 충분히 하지 않아서 그렇다는 주장도 있어요. 모르는 낱말을 사전에서 찾아보는 방법도 배우지 못하고, 한자수업 시간도 줄어들고 하는 바람에 다양한 어휘를 배우기 어려워졌다고 합니다. 이번 챕터 처음에 나왔던 7개의 단어(상쇄, 일탈, 가제, 문외한, 위화감, 단아, 주옥)는 모두 한자어입니다. 순우리말이 아니라 한자를 조합해서 만든 거예요. 우리말에서는 한자어의 비중이 매우 큽니다. 표준국어대사전에 실린 단어를 기준으로 57%나 된다고 해요. 한자와 순우리말이 결합한 단어를 합하면 비중은 더 늘어나고요. 특히 명사는 한자가 워낙 많아서 대사전에 실린 명사의 80%가 한자어라고 합니다.

물론 생활에서 자주 사용하는 언어는 우리말이 훨씬 많을 거예요. 하지만 책, 신문, 교과서와 같이 개념을 설명하고 분석하는 글에는 한자어가 많이 나옵니다. 예전에는 초등학교에서도 한자 시험을 봤고, 신문에 한글과 한자가 함께 적혀 있기도 해서 어린이들도 한자를 접할 기회가 많았어요.

한글은 소리만 나타내지만, 한자는 소리와 뜻을 함께 지닌 언어입니다. 한자어를 한글로 쓰면 소리만 표시되고 의미는 보이지가 않지요. 그래서 한자를 알고 있으면 한글로만 적힌 단어를 보고 해석하는 데 도움이 되지요.

'상쇄'라는 단어는 '서로 상'(相)과 '감할 쇄'(殺)를 합친 한자어입니다. 상반되는 것이 서로 영향을 주어 결국 효과가 사라진다는 뜻이에요. 플러스와 마이너스가 만나 0이 되는 거죠. 두 한자의 뜻을 알고 있었다면 '서로 감하게 된다'라는 의미로 추측해볼 수 있었을 거예요.

'일탈'을 '일상탈출'의 줄임말로 알고 있는 친구들도 있을 겁니다. 하지만 '편안할 일'(逸)과 '벗을 탈'(脫)을 합친 한자어예요. 정해진 길이나 사회적인 규범에서 벗어나는 일을 뜻합니다. '거짓 가'(假)와 '제목 제'(題)를 합친 '가제'는 한자의 뜻을 알았다면 '가재'라는 갑각류와 헷갈리지 않았을 거예요.

요즘은 한자보다 영어 등의 외래어 사용이 더 많고, 한자를 표기한 문서도 거의 없으니 한자를 접할 기회가 많지는 않습니다. 학교에서 한자 수업을 해야 한다는 선생님들은 한자를 배워두면 '상쇄'라는 모르는 단어가 나와도 '상의'할 때 쓰는 '상'과 비슷하다고 유추하는 식으로 의미를 알 수 있다고 주장하기도 하죠.

빈어증의 원인으로 쉬운 말을 쓰는 분위기를 들기도 합니다. 정확한 문법으로 문장을 완성하는 것보다 의견이나 감정을 빠르고 확실하게 표현하는 것이 중요한 시대이기 때문이죠. '헐' '대박' '찐' '역대급' 등등 추임새처럼 사용하는 이런 어휘 한 마디로 대화가 완성되기도 합니다.

"어제 시험은 정말 어려웠던 것 같아. 답을 봐도 왜 틀렸는지 모르겠어."

친구의 말에 "역대급이야!" "찐이네"라고 대답하고 마는 사람들도 있을 거예요. 친구와 밥을 먹으면서 대화하거나 메시지를 주고받을 때는 수업시간에 토론하듯이 논리와 근거를 말할 필요는 없지요. 하지만 서로 'ㅇㅈ' '박박'처럼 짧은 반응만 오고 간다면 속에 있는 생각까지 나누며 깊게 대화하기는 힘들 거예요.

스마트폰 자판으로 빨리 답할 수 있는 언어가 발달하고, 글보다는 영상을 보는 시간이 늘어난 시대입니다. 책이나 신문, 잡지 등에 실린 긴 글을 읽는 청소년도 과거보다 많지는 않고요. 언어연구자들은 어휘

습득에 가장 놓은 나이를 10세 전후라고 말합니다. 초등학교 3학년 정도의 나이네요. 이때 많이 읽고, 많이 들어서 언어를 공부하면 평생 풍부한 언어생활을 할 수 있다는 겁니다.

경제협력개발기구(OECD) 회원인 20개 나라를 조사했더니 성인 문해력이 최저 수준인 인구가 한국은 38%였다고 해요. 20개 나라 중 19위로 최하위에요. 문자를 읽고, 쓰고, 해석하는 능력을 나타내는 문해력이 떨어진다는 건 한국어로 된 글을 제대로 읽고 정확하게 이해하지 못하는 사람이 많다는 뜻입니다. 모국어도 공부하고 배워야 잘 쓸 수 있습니다. 책에 이해되지 않는 단어가 있다면 인터넷 국어사전에서 한 번씩 검색해보면서 뜻을 찾아 읽어보는 것도 좋은 공부가 될 것입니다.

오글거리는 어휘로 백지를 메우면?

'어휘가 빈약하다.' '가벼운 말, 이해하기 힘든 말만 쓴다.'

어른들이 젊은 세대가 쓰는 언어를 걱정했던 것은 어제오늘 일이 아닙니다. 아주 오래전부터 그랬습니다. 제가 방금 앞에서 '헐' '대박'만으로는 깊은 대화가 어렵다고 썼던 것처럼요. 소셜미디어에 '어느 군인의 사랑 고백'이라는 편지 내용이 화제가 돼 공유된 적이 있습니다. 군복무 중이니 아마 20대 초반의 남성이 쓴 것 같아요.

"황홀하게 울려 퍼지는 아름다운 멜로디같이 호젓한 어둠의 나래가 약속이라도 한 듯 찾아들고 이름 모를 산새들이 보금자리를 찾는 초저녁, 어느 이름 모를 소녀가 동쪽으로 사라집니다. 아마도 자기 짝을 찾았기 때문이 겠죠. 지금쯤 은하수 조각배를 띄워놓고 단둘이 사랑의 밀어를 속삭이며 멀리 저 멀리 행복의 보금자리로 노을 저어 갈 거예요. 진한 커피를 마시며

담배 연기 자욱한 커피숍 구석에 앉아 궁상을 떨던 옛일들을 기억해 보며
백지를 메꾸어 봅니다."

편지를 쓴 날짜가 1982년이니 지금은 60대 남성이 되었겠네요. 여러
분과 몇 살 차이가 나지 않는 40년 전 또래의 글은 지금 젊은이들의 글
과 사뭇 다릅니다. 한껏 힘을 줘 멋을 부린 문체를 보면 웃음이 나기도
해요.

'호젓한 어둠의 나래' '연기 자욱한 커피숍'….

요새 이런 글을 쓴다면 '과하다' '오글거린다'라며 놀림을 당할지도
모르겠습니다. 하지만 어디서 시작됐는지 알 수 없는 유행어나 비속어
를 감탄사처럼 늘어놓는 것보다 자신의 마음을 전하려는 진심이 느껴
지지 않나요? 어쩌면 '오글거린다'라는 신조어가 생긴 이후로 마음을
솔직히 표현하는 데 주저하게 되었을지 모른다는 생각도 듭니다. 좋아
하는 감정마저 '쿨'하게 표현하지 못하면 '찌질'한 사람이 되는 시대니
까요. 섬세한 감정을 예전처럼 말과 글에 담아내지 못하게 된 건 이런
신조어를 써야 '힙하다'고 느끼는 언어생활 때문은 아닐까요? 옛날 사
람들의 화려한 어휘는 신문기사에서도 볼 수 있어요.

"참으로 젊은이들의 유행어는 세태를 비추는데 그치는 것이 아니라 개혁의 의지까지 담고 있는가 보다. (중략) 유행어의 격화와 강세는 습속 징계가 더욱 격화할 수밖에 없고 또 강세가 될 수밖에 없는 현실의 투영에 다름 아니다."

1975년 5월에 작성된 기사입니다. 젊은 세대가 쓰는 유행어에 현실을 비판하는 시선이 담겨 있다는 이야기를 다양한 어휘로 설명하고 있어요. 당시 젊은이들의 언어에서 느낀 강렬한 인상을 기자 역시 강력한 단어들로 표현하고 있네요. 정작 '~에 다름 아니다'라는 표현은 일본식 표현이라는 지적을 많이 받는 대표적인 문구이긴 하지만요.

어휘와 어투, 문체는 시간에 따라 변하기 마련이지요. 감정을 더 강하고 확실하게 보여주는 짧은 줄임말과 감탄사가 발달한 요즘과 달리 과거에는 더 길게 설명하고 많은 단어와 수식들로 '백지를 메꾸어' 갔습니다. 꼭 세게 말하지 않아도, 비속어를 섞지 않아도 마음을 전하는 방법은 많을 겁니다. 다만 우리가 그 방법을 점점 잊어버리고 있는 것은 아닐까요?

3장

콩글리시와
한본어

훈민정음 게임

'훈민정음'이라는 게임이 있습니다. 영어식 표현을 포함해 어떤 외래어도 말하면 안 됩니다. 순우리말로 이야기해야만 이길 수 있어요. 우리가 일상에서 무심코 쓰는 말을 곰곰이 생각해보면 외래어를 한마디도 섞지 않고 한 문장을 끝내기는 생각보다 어려워요. 우리말로 표현할 수 없는 말도 있고, 한국식으로 외래어를 변형한 콩글리시나 일본어 번역체 같은 어휘도 제법 많기 때문입니다.

탁구와 윷놀이를 '훈민정음 모드'로 진행해 시청자들에게 큰 웃음을 준 예능 코너가 있었어요. 경기 중에 양쪽 팀원들이 외래어 실수를 남발하는 바람에 대결은 계속 원점으로 돌아가 게임이 좀처럼 끝이나지 않는 거예요. 출연자들은 진지하게 단어를 골라 말하지만 '이번 게임에서는' '이건 찬스잖아' '매너가 아니지' 한 마디에 상대편에게 공을 넘겨주고 맙니다. 아예 아무 말도 안 하고 경기만 이어가면서 꽤 득점한 상황. 서로를 응원한다며 '화이팅!' '컴온!' '오케이!' 기합을 넣는 바람에 다시 점수는 0점으로 돌아갔어요.

여러분도 지금 가지고 있는 물건을 '훈민정음 모드'로 하나씩 설명해보세요. '핸드폰' '이어폰' '노트북' '파일' '볼펜' '샤프' '테이프' '컴퓨터 사인펜' '포스트잇' '다이어리'….

'백팩'은 '가방'으로 넘길 수 있을지 몰라도 '지퍼'를 열고 '노트'를 꺼내다가 게임에서 탈락할 수도 있어요. 친구들과 주제를 정해서 훈민정음 게임을 해보세요. 몇 번만 해봐도 우리가 평소에 얼마나 많은 외래어를 사용하고 있는지 바로 알아챌 수 있을 겁니다.

핸드폰이 콩글리시?

외래어 중에 가장 많은 어휘는 영어입니다. 그런데 그 영어가 미국이나 영국에서는 통하지 않을 수도 있어요. 한국에서만 통하는 영어인 '콩글리시'에 우리가 익숙해진 탓입니다.

영어가 모국어인 사람에게 "핸드폰은 어디 것을 써?"라고 물으면 잠깐 생각한 뒤 "아, 셀폰(cellphone)?"이라며 브랜드를 말해줄 거예요. '핸드폰'은 콩글리시인데, 우리뿐 아니라 몇몇 아시아 나라에서도 같은 단어를 쓰기는 해요. 영어로 '셀룰러폰'(cellular phone), 줄여서 '셀폰' 또는 '모바일폰'(mobile phone)이라고 합니다. 요새는 영어에서도 아예 '폰'도 떼어내고 그냥 '모바일'이라고만 부르는 경우가 늘었지요.

아침이면 핸드폰에서 울리는 '모닝콜'도 영어로는 '웨이크업콜'(wake-up call)이고요. 연기자와 배우를 뜻하는 '탤런트'도 콩글리시입니다. '배우'는 영어로 '액터'가 맞지요. 운동선수들의 등번호는 '백넘버'가 아니라 '유니폼 넘버'(uniform number)이고, 운전석에서 뒤를 볼 때 사용하는 자동차 '백미러'는 '리어 뷰 미러'(rear-view mirror)'가 맞는 표현이에요. 물건을 구경만 하는 '아이 쇼핑'도 콩글리시여서 외국에서는 '윈도 쇼핑'(window shopping)'이라고 해야 합니다.

힘내라고 외치는 '파이팅'(fighting)은 영어로 번역하면 '싸우자'라는 뜻이죠. 이것도 콩글리시인데 요즘은 한국 문화가 세계로 퍼지면서 의미가 통하기도 해요. 하지만 원래 영어로 응원하려면 '고'(go) 또는 '치어업'(cheer up)이라고 하죠. 외국의 축구경기 중계방송을 예로 들어볼까요? 공격수가 볼을 몰고 상대방 진영을 파고들면 관중들이 "고! 고!"라고 외치는 모습을 볼 수 있어요.

무대나 방송에서 "원샷 받는다"라고 하면 단독으로 카메라에 찍히는 것을 말하는데 이 표현도 영어로는 '싱글 샷'(single shot)입니다. 어른들은 잔에 들어 있는 술을 한 번에 비워 마신다는 의미로 '원샷'(one shot)이라는 콩글리시를 쓰기도 해요.

잘한다, 잘한다! 이겨라, 이겨라!!

가수가 발표한 곡이 여러 음원차트에서 동시에 1위에 오르면 음원을 '올 킬'(all kill)했다고 해요. 경쟁자를 다 누르고 이겼다는 의미인데 정작 영어권 가수들은 '올 킬'이라고 하면 무슨 말이냐고 되묻습니다. 몇 해 전 연말에 미국의 가수 머라이어 캐리가 부른 크리스마스 노래가 한국 음원차트를 '올 킬'한 적이 있었어요. 한국 팬이 소셜미디어에 "당신의 캐롤이 한국 음원차트를 올 킬했다. 축하한다"라는 글을 썼더니 캐리가 직접 댓글을 달았는데 "올 킬이라고? 그게 뭔데?"라고 물어봤어요. 팬의 설명을 듣고 나서야 "와우!"(wow)란 반응을 남겼다고 합니다.

'아웃사이더'(outsider)와 '인사이더'(insider), 두 단어의 줄임말 '아싸' '인싸'도 영어의 모습을 하고 있지만, 한국에서만 통하는 콩글리시에요. 우리 식으로 짧게 줄여서 지어낸 말입니다(1장 26쪽을 참고하세요).

한국어에서는 원래 의미와 다르게 사용되는 외래어도 있지요. 독일어 '아르바이트'(die Arbeit)는 원래 노동이나 일을 뜻하는 단어예요. 그런데 한국에서는 '아르바이트'가 단기 또는 임시고용직을 뜻하는 말로 쓰입니다. 줄여서 '알바'라고도 하지요. 영어로 시간제 노동은 '파트 타임'(part time)이라고 합니다.

일본을 통해 들어온 단어인 '아르바이트'는 일본에서도 '알바'의 뜻으로 사용해요. 일본식 발음으로는 '아루바이토', 이걸 줄여서 '바이토'라고 쓰지요. 한 직장에 얽매이지 않고 자유롭게 일하려고 '바이토'

로 생계를 꾸리는 사람들을 '후리타'(フリーター)라고 해요. '프리랜서'와 '아르바이터'를 합친 '프리터'(freeter)를 일본어 발음으로 옮긴 것인데 정작 영어에는 이런 단어가 없지만, 한국에서도 '프리터족'이라는 말을 일본과 같은 의미로 사용합니다.

외래어 없이 순우리말로만 모든 걸 표현하기는 불가능할 거예요. 우리가 모르는 사이 한국어도 다른 언어권의 신조어로 등장해 외국인들의 대화에서 사용되고 있고요. 사람들이 교류하듯이 언어들도 서로 어울리며 섞입니다. 자연스러운 현상이지요. 다만, 이제는 한국어의 일부분이 된 외래어들이 어디서 왔고, 원래는 어떤 의미였는지 제대로 알고 쓴다면 더욱더 풍부한 언어생활을 할 수 있겠지요?

뉴트로 시대의 언택트 생활

코로나19로 시작된 언택트 시대. 바이러스 사태가 부른 세상을 설명하는 새로운 콩글리시입니다. '접촉'을 뜻하는 영어 '컨택트'(contact) 앞에 부정어 '언'(un)을 붙인 말이라고 앞에서도 잠시 언급했지요. 이 단어 '언택트'는 토종 신조어예요. 2020년 이후 언택트 수업과 언택트 면접을 하고 언택트 서비스의 증가로 언택트 경제가 발전했어요.

그런데 정작 영어에는 비대면이란 의미의 단어로 '언택트'가 아니라, '넌(non) 컨택트'나 '제로(zero) 컨택트' 또는 '컨택트리스'(contactless)를 씁니다. 영어를 쓰는 외국인에게 "언택트 생활에 적응했어?"라고 물어보면 어리둥절할 수도 있습니다.

그런데 한국에서 '언택트'란 단어가 처음 사용된 건 놀랍게도 코로나19가 등장하기 훨씬 전이라고 해요. 2017년 10월에 출간된 『트렌드 코리아 2018』[10]이란 책에 보면 2018년에 한국에 나타나게 될 유행 중 하나로 '언택트 기술'이 나옵니다.

"대인관계 피로감을 호소하는 현대사회에서 언택트 기술이 빠른 속도로 적용되고 있다."

사람의 만남을 대신하는 방식(비대면)에 4차 산업 혁명 기술(인공지능·사물인터넷 등)이 융합되었다는 설명이 있네요. 바이러스 사태를 예측한 게 아니라 기술과 문화를 바탕으로 미래 모습을 예측한 거예요. 식당과 카페에서 주문은 키오스크로 하고, QR코드를 찍고 입장하는 게 당연한 일이 될 거라는 구절은 마치 코로나 시대를 예언한 듯 똑같습니다. 아마 저자도 지금처럼 '언택트'란 단어가 일상적으로 쓰일 줄은 상상하지 못했을 거예요. 코로나로 비대면 기술의 확산이 10년은 빨라졌다고 하니 '언택트'라는 단어도 2018년은커녕 한참 시간이 흐른 뒤 익숙해질 뻔했습니다. 그러고 보면, 단어도 때를 잘 만나야 하는 모양입니다.

콩글리시 신조어 중에 '뉴트로'란 단어도 있지요. '새롭다'는 뜻의 '뉴'(new)와 '복고풍'이란 뜻의 '레트로'(retro)를 합친 형태입니다. 한자어로 표현하면 '신(新)복고'예요. 과거의 것을 그대로 옮기는 게 아니라 현대에 맞게 해석해 재창조하는 것이죠.

우유와 주스, 커피, 사이다 등 제품들이 뉴트로 바람을 타고 30~40

년 전 상표 디자인이나 패키지를 재등장시켰습니다. 과거 사은품으로 나눠줬던 우유컵, 커피잔, 보온병도 다시 나왔습니다. 젊은이들에게는 오래된 디자인이 아니라 낯선 색감과 글씨체 등이 세련돼 보이는 것이죠. 서촌과 북촌과 같은 한옥 골목에 옛날 집의 뼈대나 틀은 그대로 살리고 요즘 건축 요소를 조화시킨 가게들도 '뉴트로'를 대표하는 공간으로 꼽혀요. '힙한' 유행들입니다. '힙하다'도 멋지다는 뜻의 영어 '힙'(hip)에 동사 '하다'를 조합한 콩글리시라고 볼 수 있습니다.

코로나19를 예방하기 위한 백신 접종이 새로운 콩글리시를 만들기도 했죠. 원래 예약한 사람이 취소한 백신을 '노쇼백신'이라고 불렀어요. 식당이나 비행기 좌석을 예약한 시간에 예약자가 오지 않는 '노쇼'(no show)에 백신을 합친 거예요. 감염병 예방이라는 중대한 상황 앞에서 '노쇼'라는 단어가 적절하지 않고 뜻도 이해하기 어렵습니다. 이제는 더 익숙해진 '잔여 백신'이라는 말이 정확한 표현입니다.

'트렌드'라는 외래어로
표현하는 트렌드

    미리 '언택트' 시대를 예언했던 책 『트렌드 코리아』는 매년 출간되는데 보통 이듬해의 새로운 일상은 어떤 모습일지 알려주는 내용입니다. 그런데 '트렌드' 중 정작 그 뜻을 한 번에 알 수 있는 것은 많지 않습니다. 전부 한글로 적어놓았는데도 말이지요.

    2017년에 전망한 2018년 트렌드 몇 가지를 볼게요. 작지만 확실한 행복을 추구하는 '소확행'과 일과 생활의 균형(Work-life-balance)을 중요시하는 '워라밸 세대'는 익숙한 줄임말이지요. 가성비를 넘어 마음에 만족까지 얻는 '플라시보 소비', 힐링을 위한 휴식공간을 찾는 '케렌시아'(Querencia), 자신의 신념과 가치관을 바탕으로 돈을 쓰는 '미닝 아웃'(Meaning out)도 젊은 세대를 중심으로 확산하고 있다고 해요. 익숙하지 않은 영어와 스페인어(Querencia)가 등장하니 뜻을 찾아보고 설명을 읽어야 이해가 됩니다.

    2020년에 전망했던 2021년 트렌드도 마찬가지예요. 감염병 예방으로 재택수업, 재택근무가 늘어나면서 이제는 집이 '레이어드 홈'의 특징을 보인다고 합니다. 여러 가지 옷을 겹쳐 입는 것을 '레이어드 룩'이라고 하는데요. 이제는 집이 일, 운동, 식사 등 다양한 활동을 하는 공간이 되었다는 의미에서 레이어드 홈이란 표현을 쓰는 거죠. 새로운 자극에 재미를 느끼는 Z세대는 '롤코라이프'를 즐긴다고 하네요. 롤러코스터를 탄 듯이 금방 또 다른 재미를 찾는 라이프스타일이라는 뜻의 합성어입니다.

여러분에게 소개한 신조어들은 하나같이 새롭고 특별한 현상들을 짧은 단어로 포착해놓은 것이군요. 보통 최신 개념들은 외국에서 시작돼 한국으로 전파된 경우가 많아 문화를 설명하는 외래어도 그대로 한글로 바꿔서 표기하곤 합니다. 그래서인지 각종 '트렌드'는 외래어 이름이 붙어야 더 생생한 현재의 유행처럼 느껴지기도 해요.

그래도 좀 지나치다는 생각도 들어요. '경향' '추세' '유행'이라는 우리말보다 '트렌드' '붐' '이슈' '바이럴' '인플루언스'라는 말이 더 세련돼 보이는 것일까요? 한국인들이 이해하기 쉽지 않은 외래어가 정말 한국의 지금을 나타내는 언어가 될 수 있는 것인지 의문이 들기도 합니다.

'디에이치퍼스티어아이파크' '센트럴파크푸르지오써밋' '래미안에스티지S' '제일풍경채에듀앤파크' '강변하우스디더레이크'….

아파트 이름에도 외국어가 들어가야 고급스러워 보인다?

외래어의 '향연'이라고 하면 요즘은 아파트 이름을 빼놓을 수 없어요. 과거에는 두세 글자, 많아도 네 글자를 넘지 않았지만, 요즘은 대부분 열 글자를 넘습니다.

여기에 지명까지 더하면 이름이 훨씬 더 길어집니다. 예전에는 건설사 이름을 그대로 붙이는 것이 전부였는데 이제는 '아크로' '디에트로' '노블랜드' '포레스티지' '퍼스티지' '첼리투스' '위브로' '린파밀리에' 등 의미를 알기 어려운 수식어들이 잔뜩 따라붙어요. '푸른마을' 같은 옛날식 이름이 촌스럽다며 주민들의 투표를 통해 길고 긴 새 이름으로 바꾸기도 합니다. 알 수 없는 외래어들이 더 많이 붙을수록 뭔가 고급스럽고 세련되어 보이고, 그래야 집값도 올릴 수 있다는 믿음 때문이지요. 외계어도 아니고 암호도 아닌 이름들을 보니 트렌드란 원래 그런 것인가 보다, 하는 생각도 듭니다.

익숙한 단어들이 원래는 일본어?

한국어에 영향을 주는 외국어로는 영어 다음으로 일본어를 꼽을 수 있습니다. 일본어가 한국어와 교류해온 역사는 영어보다 훨씬 길어요. 개화기부터 일제강점기를 거치면서 우리나라에는 일본을 통해 갖가지 새로운 문물이 들어왔고, 이때 언어도 함께 유입됐습니다. 영어도 일본어를 거쳐 들어온 경우가 많고요.

2장에서 말했듯이 해방 이후 일본어 잔재를 없애려고 순화어를 만들었지만 한번 길이 든 언어 습관은 쉽게 바뀌지 않지요. 새로운 문물과 함께 들어와 한국어와 만난 일본어 중에는 우리말에 깊게 뿌리를 내린 것도 있습니다. 일본어인지 인식하지 못한 채 쓰일 정도로요.

일본은 우리나라보다 일찍 유럽과 교역을 시작했어요. 해부학 등 동양에 없던 학문도 받아들였고 영어, 포르투갈어 등으로 적힌 추상적 개념들을 자국어로 바꾸는 작업도 우리보다 먼저 시작했습니다. 일본도 한자를 쓰기 때문에 새말은 대부분 한자어로 만들어요. 예를 들어

'economy'라는 서양의 개념은 당시 딱 들어맞게 번역할 한자어가 없었어요. 그래서 중국 고전에 나오는 '경세제민'(經世濟民)이라는 문구에서 따와 '경제'라고 조합했습니다. 세상을 다스려 백성들을 구제한다는 의미랍니다.

마찬가지로 한자에는 없던 개념인 'revolution'은 과거 중국의 정치사상 가운데 부도덕한 왕이 민심을 잃어 왕조가 바뀌는 일을 '역성혁명'(易姓革命)이라고 했던 것에서 힌트를 얻었어요. 그래서 '혁명'이라는 단어로 번역해요. '권리' '문화' '의무' '자유' 역시 일본에서 서양의 개념을 번역한 한자 신조어입니다. 이 단어들은 한자의 본고장인 중국으로 역수출됐고 한국을 포함한 한자권 나라에서 지금도 똑같이 씁니다.

일본어는 알게 모르게 우리의 일상 용어에 많이 섞여 있습니다. 신분이 높거나 권력이나 명예를 가진 사람을 비유적으로 '기라성(綺羅星) 같은 인물'이라고 하는데요. 반짝반짝을 뜻하는 '기라기라'(きらきら)와 별을 뜻하는 '호시'(星, ほし)를 합친 일본어입니다. 1997년 국립국어원에서 '기라성'을 다듬어 '빛나는 별'로 바꿔쓰자고 제안했지만 대체되지 못했죠.

우리가 자주 쓰는 말 중에 일본어로 의심받는 단어도 있어요. 계절과 계절 사이를 뜻하는 '간절기'(間節氣)인데요. '간절기 패션' '간절기 건강관리'라는 말 많이 들어보셨지요? 예전에는 '철이 바뀌는 시기'라고 해서 '환절기'(換節期)를 더 많이 썼는데 1990년대부터 '간절기'라

는 말이 등장했다고 해요. 갑자기 나타난 이 단어가 '절기의 사이'(節氣の間)라는 일본어의 번역체라는 설도 있지만, 일본어에 '간절기'라는 말은 없고 계절이 변하는 때(季節の変わり目)라고 풀어서 씁니다. 일본어를 우리 말로 번역하는 과정에서 만들어낸 한자어가 대중적으로 사용된 경우가 아닐까 싶습니다.

　일본식 한자어는 워낙 방대한 데다가 우리말 속에 자연스럽게 녹아 있어요. 그래서 일제강점기에 강제로 썼던 일본어의 잔재를 없애듯이 일일이 솎아낸다거나 배척하기는 힘들어요. '기차' '회사' '영화' 등도 일본 학자들이 서양문물의 이름을 번역하는 과정에서 만들어낸 대표적인 한자어입니다. 이 단어들을 대체할 순우리말을 찾기는 불가능해요. 어쩔 수 없이 써야만 한다면 적어도 어디서, 어떻게 왔는지 알고 쓰면 좋겠지요?

모르고 쓰는 일본말

어원을 알고 나면 "일본어였어?"라고 깜짝 놀라는 말들이 있습니다. 순우리말이 있는데도 일본어인지 몰라서 굳이 고치지 않았던 어휘도 있을 거예요.

"간지 난다."

멋진 일을 했거나 느낌이 좋은 물건을 봤을 때 쓰지요. '느낌'이라는 뜻의 일본어가 '간지'(感じ, かんじ)입니다. "그거 구라지?" '거짓말'이라는 의미로 사용하는 '구라'는 일본어에서 속인다는 뜻의 '쿠라마스'(晦ます)에서 유래했습니다. 민소매 티셔츠를 '나시티'라고 하죠. 일본어로 '소매가 없다'(そでなし)는 '소데나시'를 변형한 말입니다. 육체노동을 뜻하는 '노가다'는 일본어 '도카타'(土方, どかた)에서 왔고요.

국수나 국을 먹을 때 넣는 양념장을 '다대기'라고 하는데 우리말이

'소데나시'를 입고 '간지 나는' 차를 타고 가는 여인.

아니에요. 일본어로 '다지다'라는 의미의 '타타키'(たたき)를 가져다 쓴 것입니다. 정확하지 않은 일본식 표현보다는 우리말로 '다진 양념'이라고 바꿔서 쓰는 것이 좋습니다.

"이게 내 십팔 번이야."

어른들은 노래방에 갈 때마다 자신 있게 부르는 노래를 이렇게 표현합니다. 일본의 전통연극인 가부키 배우를 대대로 배출하는 유명한 가문이 있어요. 그 집안에서 전해 내려오는 극 중 18번이 가장 재밌다고 해서 나온 관용어입니다. 같은 표현으로 '애창곡'이라는 우리말이 있으니 이 단어를 쓰는 것이 더 좋겠지요?

억지를 부리거나 생떼를 쓰면 "뗑깡 부린다"라고도 하는데 일본어 '뗑깡'(てんかん)은 뇌전증(간질)을 비하해서 부르는 말입니다. 아픈 사람을 차별하는 단어인 만큼 쓰지 말아야 해요. '점'(点)을 일본어로 읽으면 '뗀'(てん)이고, 점으로 낸 무늬는 '뗀뗀'입니다. 익숙한 발음이지요? '땡땡이 무늬,' 이 단어도 일본어였군요. '물방울 무늬'라는 예쁜 우리말을 써보도록 해요. 군인이 '총'(鐵砲)도 없이 전쟁하러 나선다는 뜻에서 나온 '무데뽀'(無鐵砲, むてっぽう)는 '막무가내'로 바꿀 수 있습니다.

나이가 많은 어른들의 말에는 일본어가 더 많이 남아 있습니다.

"나는 소라색을 좋아한단다." 할머니께서 이렇게 말씀하셨는데 무슨 색인지 모르겠다고요? 일본어로 '소라'(そら)는 하늘입니다. 하늘색을 좋아하시는군요. "마호병 좀 가져오렴." 무엇을 가져오라는 말씀일까요? '마호'(魔法, まほう)는 '마법'을 뜻하는 일본어예요. 뜨겁고 차가운 물을 병에 넣어놓으면 마법처럼 온기나 냉기가 보존된다는 의미로 만들었다고 하니 '보온병'을 갖다 드리면 됩니다. 뼈째로 썰어 먹는 회를 뜻하는 '세꼬시'(背串し, せこし)가 순우리말이라고 생각하고 쓰는 어른들도 많지만 일본어입니다. '뼈째회'라는 다듬은 말이 있어요.

우리말에 일본어가 붙어 같은 말이 반복되는 어휘들도 있습니다. '애매모호'는 일본식 한자어 '애매'(曖昧, あいまい)와 '모호'(模糊), 분명하지 않다는 의미의 단어가 두 번 이어집니다. 우리말로 '모호하다'만 써도 뜻을 충분히 전달할 수 있어요. 눈부시게 빛난다는 '삐까번쩍'도 마찬가지죠. '번쩍'이라는 뜻의 일본어 '비카리토'(ぴかりと)를 잘못 쓴 '삐까'에 '번쩍'을 한 번 더 썼는데, '번쩍번쩍'이 올바른 표현이에요. '역전 앞' '모찌 떡' 역시 필요 없는 일본어가 붙어 같은 말을 반복하고 있군요. '역 앞' '떡'이라고 쓰면 됩니다.

"희망에 불타다" " 애교가 넘치다" "낯가죽이 두껍다" "이야기에 꽃을 피우다" "콧대를 꺾다" "비밀이 새다" "폭력을 휘두르다" "눈살을 찌푸리다" "귀에 못이 박일 만큼" "가슴에 손을 얹고" "눈시울이 뜨거워지다" "낙인이 찍히다" "순풍에 돛을 단 듯" "마각을 드러내다" "도토리 키재기" "궤를 같이하다"

아주 작은 차이일 뿐 서로 비슷하다는 의미를 도토리끼리 키를 잰다(どんぐりの背比べ)며 비유하고, 너무 뻔하고 터무니없는 거짓말을 새빨갛다(まっ赤)고 하거나 반복해서 계속 듣는 말 때문에 귀에 못(굳은살, たこ)이 생긴다고 표현하는 것은 매우 익숙합니다. 하지만 이런 관용구는 일본에서 온 말들입니다. 소설이나 만화처럼 대중적인 읽을 거리들이 번역돼 들어오면서 우리말 속에 자리잡게 된 것으로 추정됩니다.

한본어가 문제가 될 때

"무슨 그런 닝겐이 다 있어?" "초멘나사이."

분명 한국말인데 일본어처럼 들리죠? 한국어와 일본어를 합친 '한본어'라고 해요. '스고이네'(대단하다) '고와이네'(무섭다) '가와이이'(귀엽다) 같은 말들은 대화 중에 자연스럽게 쓰이는 일본인데요. 뿐만 아니라 한국어와 일본어가 합성된 말을 쓰는 경우도 적지 않습니다.

사람이라는 단어를 일본어 '닝겐'으로 바꾼 첫 문장과 달리 두 번째 문장은 완전히 새로 조합됐어요. 한때 소셜미디어에서 유행했던 말인데, 처음을 뜻하는 '초'(初)에 '멘션'(mention)과 죄송하다는 일본말 '고멘나사이'를 합친 거예요. '첫 멘션인데 죄송합니다'라는 문장이 되네요. 온라인상에서 댓글이나 메시지로 모르는 사람에게 말을 걸 때 썼어요. '안녕하세요' '처음 뵙겠습니다'라고 쓰면 될 텐데 재미를 위해 과도하게 언어를 조합했네요. 이 표현을 불편해하는 사람도 많았습니다. 그래서 지금은 잘 사용하지 않는 말이 되었답니다.

일본에서는 젊은이들이 한국어를 섞어 말하는 게 유행입니다. 2020년 한 방송에서 '10대가 예상하는 올해의 유행어'를 조사했는데[11] '친챠소레나'(チンチャそれな)라는 단어가 후보에 올랐어요. 한국어 '진짜'를 일본식으로 발음한 '친챠'와 일본어로 "그러게 말이야"(そうだね)란 뜻의 줄임말 '소레나'를 합친 거죠. 번역하면 '진짜, 내 말이' 정도로 볼 수 있겠네요. 일본 청소년들은 요즘 '혼또'(本当,ほんとう) 대신 '친챠'를 더 많이 쓴다고 해요. '사랑해'라는 말도 젊은이들에게는 일본어나 마찬가지일 만큼 일상어가 되었다고 합니다.

한국과 일본이 서로의 언어를 섞어 사용하는 현상은 매우 흥미롭습니다. 서로 다른 언어를 사용하는 집단이 만나면 의사소통을 위해 임시적인 혼성어가 생겨나는데 이걸 '피진'(pidgin)이라고 부르기도 해요. 특히 한국과 일본의 청소년들은 이전 세대보다 개방적이다 보니 상대 국가의 문화를 받아들이는 데에 적극적이고, 말을 섞어서 노는 데에도 자유롭지요. 게다가 주어, 목적어, 동사를 차례로 말하는 등 어순이 비슷한 점도 한본어가 활발하게 생성되는 이유 중 하나일 것입니다.

여러 언어가 말 속에 녹아들면 언어를 다채롭게 하는 긍정적인 효과가 있습니다. 하지만 엉터리 발음과 비속어, 어색한 표현을 무분별하게 따라 하는 건 다른 이야기입니다.

몇 년 전 '앙기모띠'라는 표현이 논란이 됐습니다.[12] 초등학생까지 사용할 정도로 유행한 말입니다. '기모띠'는 '기분이 좋다'는 일본어인

'기모치이이'(きもちいい)가 변형된 것이에요. '기모치이이'는 평범한 일상 표현이지만 문제는 '앙'을 붙여 음란물에서 등장하는 의성어를 희화화했다는 것이에요. 여성을 성적인 대상으로만 보는 음란물에서 여성 출연자가 했던 대사가 재미를 위한 유행어가 됐고, 이런 맥락을 모른 채 아이들까지 따라 하게 된 거예요. 여성혐오적인 언어라는 지적도 나왔죠. 시의원 선거에 출마한 후보가 소셜미디어에 이 표현을 썼다가 사과하는 일이 벌어지기도 했습니다.

언어유희는 언어를 함께 사용하는 사람들이 수용 가능할 때 재미가 됩니다. 한국과 일본이 공유한 문화를 언어로 표현할 때도 마찬가지일 거예요. 나도 모르게 차별과 혐오를 조장하는 말을 쓰고 있지는 않은지 한번 더 살펴야겠습니다. 말은 우리의 생각을 담는 그릇이니까요.

한국적 특성이 담긴 외국어 그릇

외국어를 이용한다고 해도 한국인의 정서는 그대로 담겨 있습니다. 콩글리시를 살펴보면 한국인의 입맛과 한국인의 생활도 보이거든요.

'치느님.'¹³ 치킨과 하느님을 합친 이 신조어를 두고 논쟁이 벌어진 적이 있어요.

한 기독교 신자가 '치느님'이라는 말이 기독교 십계명을 어긴 것이냐는 질문을 올린 게 발단이 됐습니다. 십계명은 하느님이 시나이산에서 모세를 통하여 이스라엘 백성들에게 주셨다는 열 가지 계명인데 세 번째가 '하느님의 이름을 망녕되이 부르지 말라'는 것입니다. 기독교 신자가 치킨 뒤에 하느님을 붙여 쓰면 계명을 어기는 행동이 아니냐는 것이죠. "하느님의 이름을 불손하게 남용했다"라는 반응과 "치킨을 '치느님'이라고 부른 것이지 '하느님'이라고 부른 건 아니니까 괜찮다" "농담을 너무 심각하게 생각할 필요가 없다"라는 반박이 나왔습니다.

어쨌든 사람들이 치킨에 얼마나 진심인지를 '치느님'이라는 단어가

치느님을 사랑한 우리 아빠.

보여주었습니다. 그뿐인가요? '치킨'과 '맥주'를 합친 '치맥'은 이미 전세계 공통어처럼 쓰이고 있습니다. 한국 드라마를 통해서 두 음식의 조합에 익숙한 중국이나 일본은 물론 영어권 언론에서도 '치맥'(Chi-Mac)이란 단어를 소개했다고 해요.

줄임말을 좋아하는 한국어의 특징은 외래어 합성에서도 보입니다. 한자어 '뇌'에 '공식적인'이란 뜻의 영어 '오피셜'(official)을 합친 '뇌피셜'은 '내 머릿속 공식 입장'이라는 의미에요. '뇌'의 자리에 '지인' '트위터' '엄마' 등 생각의 출처를 넣어서 '지피셜' '트피셜' '엄피셜'로 활용하기도 합니다. 맛집에 다녀오거나 어떤 행동을 했다는 사실을 남들에게 '인증'받으려고 사진을 찍는(shot) '인증샷', 옷이 몸에 어느 정도 맞는지(fit) 입어본 느낌(感)을 뜻하는 '핏감'이라는 말도 있고요. 나쁘다는 뜻의 한자 '악'(惡)에다 댓글을 뜻하는 '리플라이'(reply)를 합쳐 만든 '악플'과 반대말 '선플'도 외래어 줄임말의 고전 같은 어휘네요.

한글과 영어의 알파벳 단위의 어휘를 합친 말도 있지요. 우리말 '귀찮다'에 '~한 사람'을 뜻하는 영어 '이스트'(ist)를 붙여서 '귀차니스트'라고 하죠. '귀찮다'에 '~주의'를 뜻하는 '이즘'(ism)을 붙여서 만든 '귀차니즘'이라는 합성어는 귀찮은 일을 너무 싫어하는 태도를 설명하고요.

'아…' 탄식이나 안타까움을 표현하는 이 말은 알파벳 A와 한글의 중성 'ㅏ'의 조합으로 바꾸면 좀 더 강한 'Aㅏ…'를 만들 수 있습니다. 맞장구를 치려고 하는 말 "알지 알지"는 알파벳 "RGRG"로 더 빨리 쓸 수 있고요.

싱글리시, 칭글리시, 쟁글리시

여러 나라의 언어들이 섞여서 변형되면 한 가지 언어보다 다양한 형태의 조어를 사용하게 됩니다. 새로운 단어와 관용구뿐 아니라 새로운 문법이 생기기도 해요.

싱가포르에서 사용하는 영어를 '싱글리시'(Singlish)라고 하는데 영국식 영어나 미국식 영어와 달리 독특한 악센트가 있고 문법도 다르다고 해요. 싱가포르에서는 영어, 중국어, 말레이어, 타밀어가 모두 공용어예요. 그래서 싱글리시에는 여러 언어의 요소가 섞여 있는데 문장 끝에 중국어 '라'(lah)를 붙여 강조를 나타내는 말을 만들고, 동사는 시제가 변하지 않는 것도 특징이에요. 정부가 인정하는 공식적인 문법에 싱글리시는 포함되지 않지만, 일상에서는 많이 사용합니다.

중국에는 '칭글리시'(Chinglish)가 있는데 지난 2017년 중국 정부가 칭글리시 소탕 작전을 펼친 적이 있습니다. 도로표지판, 상표의 중국어를 영어로 직역하는 바람에 엉터리 표현이 됐기 때문이에요. 예를 들어 비상구에 '평화 시 출입문'(Entry on Peacetime)이라는 영어를 써놨어요. 비상구를 뜻하는 중국어 '타이핑먼'(太平門)을 중국식 영어로 옮긴 것이지요. 비상구는 급한 일이 생겼을 때 사용하는 문인데 평화로울 때 출입하라니 정반대 뜻이 되고 말았네요. 중국에 사는 여러 민족의 전통과 풍습을 소개하는 '민족공원'은 'Racist Park'(인종차별공원)이라는 잘못된 영어로 표기돼 있다가 나중에야 'Minorities Park'(소수민족공원)으로 바뀌었다고 합니다.

'롱 타임 노 시'(long time no see)가 칭글리시라는 설도 있어요. 한국에서 "오랜만이다"라는 영어를 생각하면 가장 먼저 떠올리는 문장이죠. 2013년 중국 공산당 기관지인 인민일보 해외판에 '칭글리시가 세계를 휩쓸고 있다'란 제목으로 기사가 났는데[15] '오랜만'이라는 의미의 중국어 '헌주부젠'(很久不見)에서 이 인사말이 시작됐다는 내용이에요. 19세기 말, 미국으로 이주한 중국인들이 아직 영어에 익숙하지 않은 상황에서 중국어를 단순하게 영어로 직역해서 사용했다는 거예요. 실제로 오랜만에 만난 사람에게 반가움을 전할 때는 영어로 "잇츠 빈 어 와일"(it's been a while)이라고 말하는 게 자연스럽습니다.

인민일보가 영어권으로 '역수출'됐다고 소개한 칭글리시는 더 있습니다. 대부분 한자를 그대로 옮긴 표현들이에요. 수많은 사람을 뜻하는 '인산인해'(人山人海)는 '피플 마운틴 피플 시'(people mountain people sea), '옥에 티'란 뜻의 '미중부족'(美中不足)은 '아메리칸 차이니즈 낫 이너프'(American Chinese not enough), 열심히 공부하면 나날이 실력이 향상된다는 중국어 구절 '호호학습 천천향상'(好好學習, 天天 向上)을 '굿 굿 스터디 데이 데이 업'(Good good study, day day up)으로 쓴다고 해요. 말장난에 가깝고, 일반적으로 사용하는 표현도 아니어서 이런 칭글리시가 '영어'가 되기는 어려워 보입니다.

한국의 콩글리시 중에는 일본식 영어 '쟁글리시'(Janglish)에 영향을 받은 것도 있습니다.

네덜란드의 '코피'(Koffie)가 일본에 수출된 후 '코히'(コーヒー)가 됐고, 일본을 통해 우리나라에 들어오면서 '커피'라는 발음으로 정착했습니다. 포르투갈 상인이 일본에 가져간 '타바코'(tabaco)는 임진왜란 이후 일본에서 조선으로 들어와 '담바고'가 된 것이 지금의 '담배'의 어원이라고 해요.

12개 묶음인 '다스'는 영어 '더즌'(dosen)의 일본식 발음이고, 담배 한 '보루'는 영어 '보드'(board)를 일본식으로 읽은 거예요. 원래 '보드'는 판자나 마분지를 의미했는데 담배 열 갑을 딱딱한 상자에 담아 팔면서 생긴 명칭이라고 합니다. 영어 '볼 포인트 펜'(ball point pen)은 일본에서 '보루펜'으로 불렀고 한국으로 건너와 '볼펜'이 됐어요.

일본식으로 만든 영어가 콩글리시가 되기도 합니다. 나사를 조이는 '드라이버'는 원래 영어로 '스크류 드라이버'(screw driver)가 맞지만 쟁글리시인 '도라이바'라는 이름으로 유입되면서 정착된 이름입니다. 황금시간대를 뜻하는 영어 '프라임 타임'(prime time)도 일본을 거쳐 '골든 타임'(golden time)이 되었고요. '스킨십'(skinship)이란 말은 영어처럼 보일 뿐 영어에는 없는 말입니다. 피부의 '스킨'에 접미사 '-십'을 붙였지만, '스킨십'라는 의미를 영어로 나타내려면 '피지컬 콘택트'(physical contact)나 '터치'(touch)가 맞습니다. 이 역시 일본에서 처음 썼던 단어가 우리나라에 들어온 것으로 보입니다.

　'아이돌' '백미러' '오토바이' '샌드백' '콘센트' '캠핑카' '아파트' '리모컨' '레미콘' '슈크림' '테마파크'도 쟁글리시에서 온 콩글리시라고 해요.

북한도 콩글리시를 쓸까?

갈 수는 없지만 같은 언어를 쓰고 있는 북한. 우리가 수도 서울에서 쓰는 말을 표준어라고 하듯이 북한도 "수도 평양을 토대로 하여 이룩된 발음"(조선말규범집)을 '문화어'라는 기준 언어로 정해놓았습니다. 그럼 북한도 콩글리시를 쓸까요?

영어와 일본어의 영향을 많이 받는 한국어와 달리 북한어는 러시아어와 중국어와 교류가 많습니다. 트랙터를 뜻하는 '뜨락또르', 그룹은 '그루빠', 캠페인이란 의미의 '깜빠니아'는 러시아에서 온 외래어예요. 바이러스도 러시아 발음에서 온 '비루스'로 읽습니다. 소시지는 '칼파스'라고 하는데 러시아어 '칼바사'에서 왔다고 해요.

국가와 도시 이름 등은 러시아 발음을 많이 따르면서도 현지 발음과 비슷하게 표기하기 때문에 한국과 차이가 큽니다. '터키 앙카라'는 '토이기 앙까라', '이집트 카이로'는 '애급 까히라', '오스트리아 빈'은 '오지리 윈'이라고 해요. 스웨덴은 '스웨리예', 체코는 '체스', '캄보디아'

는 '캄보쟈', '튀니지'는 '뜌니지', '폴란드'는 '뽈스카'로 부르는데 그냥 들으면 어디를 뜻하는지 한국인은 모를 수도 있겠네요.

북한은 영어에서 온 단어를 순우리말로 바꿔 부르는 경우가 많아요. 얼굴에 바르는 화장품을 뜻하는 스킨을 '살결물', 노크를 '손기척'이라고 표현하는 것이 대표적입니다. 아이스크림을 '얼음보숭이'라고 한다는 이야기가 많이 알려졌지만 정작 북한에서는 '에스키모'라고 부른다고 해요. 북한 회사에서 만들어낸 상품의 이름인데 문화어는 '얼음보숭이'이지만 일반 사람들의 선택을 받지는 못했나 봐요.

북한에서도 외래어나 신조어가 유행하면서 걱정이 많다고 합니다. 2021년 8월 북한의 노동신문에 이런 기사 실렸어요.

"사회주의의 우월성을 남김없이 발휘하며 온 사회에 혁명적이며 문화적인 생활 기풍을 확립하는 데서 언어생활을 고상하고 문명하게 하는 것은 중요한 문제다. 고상하고 문명하지 못한 언어 표현은 사람들의 품격을 떨어트릴 뿐 아니라 사회생활에 좋지 못한 영향을 줄 수 있다."[6]

한국 드라마나 가요를 북한에서도 많이 보기 때문에 우리가 쓰는 유행어가 북한에 유입되기도 하고, 스마트폰 사용 등으로 영어를 포함한 외래어 표현도 늘어났다고 해요. 그래서 "청년들부터가 모범이 돼 평양 문화어를 적극 사용하는 것을 체질화, 습벽화해야 온 나라에 아름답고 문화적이며 건전한 언어생활 기풍이 확립된다"며 '문화어 사용'을 강조하는 것이라고 합니다.

숫자에도 줄임말이 있다

식당이나 카페 메뉴판을 보고 '얼마라는 거지?' 하고 생각했을 때가 있어요. 외국도 아니고 우리나라의 익숙한 동네였는데 말이에요.

'아메리카노 3.5' '카페라떼 4.5' '샷 추가 0.5'
'후라이드 치킨 15' '파스타 16' '샐러드 7' '탄산음료 0.3'

처음 봤을 때 '달러'로 표시된 숫자가 아닌가 생각하기도 했습니다. 미국에서 커피가 3달러 정도 하니까요. 그런데 여긴 한국이잖아요? '원'이 돈의 기준이니까 커피가 3.5원? 자세히 보니 '천 원'을 기준으로 쓴 숫자였어요. 0이 세 개가 생략된 표시죠. 3.5는 1000을 곱해 3500원, 0.5는 1000을 곱해 500원이라는 의미였습니다. 숫자를 좀 더 간단하게 표시할 수 있는 데다 저처럼 달러라고 착각하면 손님이 이국적인 느낌도 받을 수 있어서 그런지 이제는 꽤 자주 눈에 띕니다.

아메리카노 3.5는 얼마일까?

새로운 숫자 표기에 익숙해지기는 했지만 정확한 표기법에 따르면 맞지 않아요. 숫자를 쓰는 데에도 엄격한 맞춤법이 있거든요. 숫자를 쓸 때 마침표는 소수점을 의미할 때만 쓰고, 긴 숫자를 보기 편하게 나눌 때는 쉼표를 씁니다. 단위를 구분하는 쉼표는 세 자리마다 넣어요. 3천 원은 3,000원, 100만 원은 1,000,000원으로요.

긴 숫자는 읽거나 한글로 표기할 때 네 자리마다 끊습니다. 1,234,567,899를 읽어볼까요? '십이억 삼천사백오십육만 칠천팔백구십구'입니다. 한글 표기는 '12억 3456만 7899'로 만 단위로 띄어 씁니다. 숫자 뒤에 단위 명사가 오면 한글의 경우 '칠천팔백구십구 원'과 같이 띄어쓰기를 해야 하지만 아라비아 숫자는 '7899원'으로 붙여쓰기도 허용된다고 하네요.

줄여 쓰기가 목적이었다면 '아메리카노 3.5'가 아니라 '아메리카노 3,5'가 됐어야 그나마 표기법에 가까운 것이 아닐까요? 처음 보는 사람에겐 마치 수학 문제를 풀 듯 적응의 시간이 필요한 숫자였습니다.

메뉴판에 가격이 줄임말로 등장한 데는 화폐의 액면 단위를 줄일 필요성을 보여준다는 분석도 있어요. 화폐의 단위를 변경하는 것을 '리디노미네이션'(redenomination)이라고 하는데 일상적으로 쓰는 가격 등의 단위가 너무 커서 0을 너무 많이 붙이게 될 때 이뤄집니다. 금액의 가치는 그대로 두면서 0의 개수를 줄이는 거예요.

예를 들어 한국의 50,000원을 베트남 돈으로 환전하면 1,000,000동 정도가 됩니다. 돈의 가치는 비슷한데 베트남의 동(VND)이 한국의 원 (KRW)보다 자릿수가 두 자리 깁니다. 반대로 한국의 10,000원은 일본의 1,000엔과 비슷하지만 한국의 원이 일본의 엔(JPY)보다 한 자리 길어요.

화폐의 단위가 크면 계산도 번거롭고 표기할 때도 효율적이지 못하죠. 식당의 가격표시뿐만 아니라 기관과 기업들이 쓰는 공식문서에서 큰 단위 숫자의 0을 생략한 표기는 쉽게 볼 수 있습니다. 한국 돈 1경을 표기하려면 0을 16개나 붙여야 하니까요.

숫자를 줄임말로 만드는 이유를 설명하는 또 다른 분석도 있어요. 미국의 한 대학에서 연구한 결과, 식당의 메뉴 가격을 12.00달러로 썼을 때 보다 0을 빼고 12를 썼을 때 매출이 더 많았다고 해요. 더 저렴

하다는 인상을 준 것이겠죠? 한국에서 숫자 줄임말이 가게 매출에 얼마나 영향을 주었는지는 아직 확인되지 않았습니다.

한류가 만든 세계 공용 한국어

"Oppa Jinjja Deabak!"

소셜미디어에서 한국어를 알파벳 발음으로 표기한 댓글을 종종 찾을 수 있습니다. 그대로 따라 읽으면 "오빠 진짜 대박!"이 됩니다. K팝 그룹을 사랑하는 팬이 쓴 것이겠지요?

드라마로 시작된 '한류'는 노래, 화장품, 책을 비롯한 여러 분야로 확산 중입니다. K드라마, K뷰티, K노블(소설)…. 한국 문화를 좋아하고 한국에 관심이 늘면서 자연스럽게 한국어에 대한 호기심도 많아졌습니다. 한국 사람의 말을 번역을 통해서가 아니라 직접 해석하고 싶어진 거예요. 한류가 시작된 후 한국어를 배우는 사람도 크게 늘어 한국어를 제2외국어로 정한 나라들도 많아졌습니다. 영어를 능숙하게 하지는 못해도 인사말과 호칭, 간단한 회화는 누구나 할 수 있듯이 한국의 문화를 즐기는 외국인들은 쉬운 한국어를 자연스럽게 대화에 녹여서 쓴다고 합니다.

오빠(Oppa) 누나(Noona) 언니(Unnie)뿐 아니라 한 그룹에서 가장 나이가 어린 사람을 뜻하는 막내(Maknae)도 많이 알려진 한국어이고요. 한국의 신조어도 적극적으로 받아들입니다. 연예인이나 캐릭터 등 가장 좋아하는 인물을 뜻하는 '최애'(Choeae)는 일본을 비롯해 K팝의 인기가 높은 나라에서 통용된다고 해요. 볼수록 매력 있다는 '볼매'(Bolmae), 귀여운 사람을 뜻하는 '귀요미'(Gwiyomi)', 감탄사 '대박'(Deabak)도 한류 팬들에게는 익숙한 표현이죠. 사생활까지 쫓아다니는 팬을 뜻하는 '사생'이나 악성 개인팬을 의미하는 '악개'라는 어휘도 좋은 단어는 아니지만, K팝과 함께 많이 알려졌습니다.

K팝 아이돌과 배우가 출연하는 예능이나 유튜브 영상에는 자막이 많이 달리지요. 보통 강조하는 말이나 재미있는 말을 한국어로 적는데요. 이러한 표현들이 자주 노출되다 보니 팬들도 자연스럽게 익히게 됩니다. 콩글리시인 '화이팅'(fighting)은 일반 사람들도 시도 때도 없이 워낙 자주 사용하니까 이제 많은 나라에서 응원이나 격려할 때 쓰게 됐다고 합니다.

알파벳으로 표기한 한국어를 '아민정음'이라고도 해요. BTS(방탄소년단)의 팬들을 부르는 이름인 '아미'와 '훈민정음'을 합친 말이죠. K팝 팬들이 자신이 좋아하는 그룹의 노래 가사, 영상에서 말하는 내용, 멤버들의 대화 등을 실시간으로 각국 언어로 번역해 공유한다는 의미에서 불리는 이름이라고 해요. 이때 중요한 단어는 직역하지 않고 한국어를 그대로 살려 알파벳으로만 표기하는데, 말에 담긴 감성과 뉘앙스까지 온전히 담기 위한 것이지요. 이런 표기를 아이돌의 '돌'과 합쳐 '돌민정음'이라고도 합니다. 세종대왕께서 고유 글자가 없는 백성들을 위해 처음 훈민정음을 만드셨을 땐 외국에서 이렇게까지 한글을 사용하게 될 줄은 모르셨겠죠? '아민정음'은 한국어와 한글의 세계화에도 톡톡한 역할을 하고 있습니다.

2021년 쿠데타가 일어난 미얀마에서 시위현장에 한글로 쓴 피켓[*]이 등장해 눈길을 끈 적이 있습니다.

"미얀마 군사쿠데타를 규탄한다" "우리나라의 미래, 우리의 미래를 위해 도와주십시오" "제발 우리한테 큰 힘이 돼주세요" 이런 구호를 들고 양곤의 한국 대사관 앞에서 한국 문화를 사랑하는 청년들이 한국 정부에 도움을 청했습니다. 미얀마의 한류 팬들이 K팝 그룹들의 계정에 한글로 미얀마의 실상을 알리며 도와달라는 댓글을 남기기도 했지요. 한국어로 소통한 덕분일까요? 소셜미디어를 통해 한국인들도 미얀마 시민들을 지지하며 상황이 빨리 나아질 수 있도록 전 세계에 알리는 게시물들을 적극적으로 공유했습니다.

번역하지 않는 한국어

영국 옥스퍼드대학에서 발행하는 옥스퍼드 영어사전이나 오픈소스 백과사전 위키피디아를 보면 김치(Kimchi), 소주(Soju), 온돌(Ondol), 태권도(Taekwondo), 한류(Hallyu) 등이 공식 명칭으로 올라 있어요. 음식을 먹으면서 방송을 하는 콘텐츠도 유튜브에서 가장 인기가 많은 채널은 한국 사람들이 만들고 있지요. 먹는 방송의 줄임말인 '먹방'(Mukbang) 역시 옥스퍼드 사전에 추가됐습니다.

인터넷 쇼핑몰 '아마존'에는 호미(HoMi)와 갓(Gat), 포대기(Podaegi) 등의 물건이 한국어 발음으로 소개돼 있습니다. 한국 제품이 유명하기도 하고 딱히 영어로 번역할 단어도 없기 때문이에요. 과거에는 맞아떨어지는 어휘가 없어도 영어로 해석한 이름을 쓰거나 새로 영어 단어를 만들었는데 이제는 한국어를 그대로 씁니다. 그만큼 한국어를 들어본 사람이 많아서 친숙한 언어가 됐다는 의미일 거예요.

영어권 언론들이 한국 관련 뉴스를 보도할 때 우리말을 쓰는 경우도 흔합니다. 2014년 대한항공의 '땅콩사건' 이후로는 '재벌'(Chaebol) '갑질'(Gapjil) 등의 단어가 외신에 자주 등장하고 있지요. "한국에서는 초소형 카메라를 이용한 성범죄를 몰카(Molka)라고 부른다"라며 한국의 심각한 디지털 성범죄 실태를 보도하기도 해요. 카메라를 숨겨놓고 출연자를 속이는 예능 프로그램의 코너 이름이었던 '몰래카메라'가 불법 촬영물을 뜻하는 용어로 사용되면서 범죄행위가 제대로 처벌되지 않았다는 시각도 있습니다. 영어로 불법 촬영에 사용되는 카메라는 '스파이 캠'(spy Cam), '히든 카메라'(hidden Camera)라고 표현하는데 '몰카'라는 단어의 특수성을 살려 보도한 것이지요. 지금은 한국에서도 몰카라는 말 대신에 불법성을 뚜렷이 보여주기 위해 '불법촬영'으로 표기하고 있지요.

'눈치'(Nunchi)라는 단어가 미국 언론에 등장한 적도 있습니다. 미국에서 활동하는 한 한국계 작가는 칼럼[18]에서 "눈치를 영어로 직역하면 '눈으로 재기'(eye measure)라고 할 수 있는데, 한국에서는 다른 사람의 생각과 느낌을 가늠하는 미묘한(subtle) 기술을 뜻하는 단어"라고 설명했어요. 이 작가는 '눈치'를 정확하게 표현할 수 있는 영어 단어가 없어서 한국어 발음 그대로를 알파벳으로 적은 듯합니다.

2019년 영국의 공영방송 〈BBC2〉는 페이스북 페이지에 '오늘의 단어'로 '꼰대'(kkondae)를 선정했어요. 자신이 항상 옳다고 믿는 나이 많은 사람을 뜻하는 한국어라는 설명과 함께요. 영국의 경제주간지 〈이코노미스트〉도 '꼰대'[19]를 소개하면서 위계질서가 강한 한국의 문화 속에서 젊은 세대가 불만을 나타내는 말로 쓰기 시작했다고 소개합니다. 한국어가 널리 알려질수록 자랑스러운 모습에서 부끄러운 모습까지 다양하게 공유되고 있네요.

고마운 번역앱… 영어로 '세계 통일'?

영화 〈기생충〉이 전 세계 영화상을 휩쓸며 주목을 받던 때 영화 못지 않은 관심과 찬사를 받은 사람이 있습니다. 봉준호 감동의 한국어를 영어로 옮겼던 샤론 최 통역사입니다. 봉 감독의 토종 한국어를 '찰떡같이' 자연스러운 영어로 바꿔준 덕에 외국인들이 한국말을 알아들은 것처럼 감동을 줬다는 평가를 받았죠.

"저의 대사를 멋지게 화면으로 옮겨준 배우들에게 감사드립니다"라는 멘트는 "bringing this film to life"로 바꿔 '영화에 생명력을 불어넣어 줬다'라는 영어에 더 맞는 표현으로 전달했어요. 봉 감독이 인터뷰에서 〈기생충〉 내용은 되도록 말을 안 하고 싶다며 "스토리를 모르고 봐야 재미있죠"라고 한 말은 "go into it cold"로 통역했습니다. '대책 없이 일단 저질러라'라는 뜻인데 감독의 의도를 현지 사람들의 말투로 전한 것이에요. 통역과 번역이 언어뿐 아니라 언어에 담긴 감정과 마음도 전달할 수 있다는 걸 보여준 예입니다.

19세기 말에 활동했던 나쓰메 소세키라는 일본의 소설가가 있어요. 지금도 일본인들이 가장 좋아하는 작가이지요. 젊었을 때 영어 선생님이었는데 한 학생이 '아이 러브 유'(I Love you)를 '나, 당신을 사랑합니다'라고 번역하자 "일본인들은 그렇게 말하지 않는단다"라며 문맥에 따라서 다음 문장처럼 해석하라고 가르쳤다고 해요. '달이 참 아름답네요.'[20]

당시 일본 사람들은 "사랑합니다"라고 직접 말하는 일이 드물었던 모양이에요. 일본어로 글을 읽는 사람들이 사랑의 감정을 충분히 느끼며 감동할 수 있는 말을 찾아야 한다는 의미인 듯합니다. 나쓰메의 번역은 말과 글을 다른 언어로 옮기는 것이 얼마나 어렵고도 섬세한 일인지 알려줍니다.

인터넷이 발달하면서 무엇이든 빨리 검색할 수 있는 시대가 되었습니다. 모르는 외국어도 번역기 앱을 켜고 자판으로 입력하면 뜻을 바로 알 수 있고, 이제는 사전을 일일이 알파벳 순서로 넘기며 단어를 찾을 필요도 없어졌습니다.

옛날 번역기는 시간이 화살처럼 흘러간다는 의미의 '타임 플라이스 라이크 언 애로우'(Time flies like an arrow)라는 영어 문장을 단어 하나하나 직역해 '시간 파리들은 화살을 좋아한다'라는 이상한 문장으로 만들어놓기도 했지만, 이제 저 정도의 문장은 어떤 언어로도 정확하게 옮길 수 있습니다.

음성인식과 머신러닝이 상당한 수준이 되면서 번역의 기술도 고도

화됐습니다. 한국어로 하고 싶은 말을 녹음하면 바로 현지어 음성으로 바꿔 들려주고, 현지어로 된 메뉴판을 카메라로 스캔만 해도 한국어로 볼 수 있어요. 해외여행을 갔다가 말을 못 해 사고 싶은 것을 못 사거나, 먹고 싶은 것을 못 먹는 일은 더는 벌어지지 않습니다.

우리 인류가 사용하는 언어의 종류는 전 세계 통틀어 5000개가 넘는다고 합니다. 그런데 번역기 중에서 가장 많은 수의 언어를 서비스하는 앱이 100개 정도의 언어를 지원한다고 해요. 나머지 4900개가량을 번역해주기까진 여전히 갈 길이 멀지요. 그중 가장 서비스가 많은 언어는 역시 영어입니다. 아마도 지구상에서 가장 힘이 있는 언어가 영어라는 의미일 겁니다. 인터넷으로 소통하고 정보를 찾고, 글을 읽는 일이 많아지면서 영어가 한국에 있는 우리의 삶에 미치는 영향력도 더 커졌습니다. 문서 자료나 정보를 찾다 보면 가장 먼저 나오거나 가장 자주 나오는 것은 대개 영어로 되어 있잖아요.

아직은 영어만큼 한국어 번역기가 완벽하지 못한 탓일까요? K팝 팬들이나 한국 문화를 좋아하는 외국인들이 앱을 통해 번역한 한국어는 완벽하게 자연스럽지는 않습니다.

'나 당신에게 정말 큰 도움을 받았다. 고맙다' '좋은 하루를 기원합니다' '번역기를 사용하고 있기 때문에 이상하다고 생각합니다'라는 정도인데요. 그래도 어떤 말을 하려는지 충분히 전달하고도 남지요? 어색하지만 서로 다른 나라에서 한글로 이야기하는 것만으로도 신기하고요. 앞으로 한국어가 더 자주 번역기를 통해 옮겨지면 어느 날 나

번역앱을 사용하는 사람들.

쓰메가 영어의 '러브'를 '사랑'이 아니라 '아름다운 달'로 에둘러 전달했던 것처럼, 번역기가 미묘한 정서까지 담을 수 있게 될까요?

4장

욕이 아니어도
욕이 되는 말

언어생활의 내로남불

'남이 하면 안 될 일이지만 내가 하면 괜찮다.' 흔히 '내로남불'이라고 쓰는 말의 뜻입니다. 사자성어처럼 생겼지만 '내가 하면 로맨스, 남이 하면 불륜'이라는 문구의 줄임말이에요.

언어생활에도 내로남불이 있어요. 바로 욕설이 그렇습니다. '사람들이 욕을 너무 많이 해.' '요즘 애들은 입이 너무 거칠어.' 그런데 이런 말을 하는 사람들은 정말 예쁘고 아름다운 말만 사용할까요?

국립국어원이 2020년 언어 의식 조사를 해보니 시민 10명 가운데 5명은 '사람들이 일상생활에서 욕설이나 비속어를 흔히 쓴다'라고 대답했습니다. 그런데 자신이 욕설, 비속어를 자주 혹은 가끔이라도 쓰는지 답해보라고 하자 '그렇다'라고 한 사람은 30%가 안 됩니다. 나는 많이 쓰지 않는데 남들은 많이 쓴다고들 생각하지요. 내가 무심결에 내뱉었던 욕은 금방 잊어버리고, 다른 사람이 한 공격적인 말은 그보다 훨씬 오래 기억에 남기 때문에 이렇게 대답하는 것인지도 모르겠네요.

여러분은 어떨 때 욕을 하나요? 친구가 욕설을 섞어 말할 때 어떤 표정을 지었던가요? 앞의 조사에서는 '기분이 나쁘다는 뜻을 표현하기 위해서'(33%), '습관적으로'(23%)라는 답이 많았습니다. '친근감을 표현하려고 욕을 한다'는 대답(22%)도 눈에 띄네요. 아무래도 편한 사이에는 말을 덜 가리니까 그런가 봅니다. 한 가지 주목할 점은 기분이 나쁘다는 걸 표현하려고 욕한다는 답변이 2005년에는 55%였는데 15년이 지나니까 33%로 줄었다는 점입니다. 반면에 '습관적으로' 쓴다는 답변은 1.2%에서 23%로 두드러지게 높아졌습니다. 딱히 기분 나쁜 상황도 아닌데 욕이 튀어나온다는 뜻인데요. 욕설이나 비속어 사용이 말 그대로 '버릇'이 된 거지요.

특히 10대들은 욕설을 많이 섞어 씁니다. 친구와 만나서 대화할 때도 그렇지만, 메신저를 주고받거나 인터넷에 댓글을 남길 땐 더 많이 씁니다. EBS 방송에서 중고생 4명에게 소형 녹음기를 가지고 다니게 한 뒤 학교에서 나누는 대화를 녹음했더니, 1인당 75초에 한 번꼴[21]로 욕을 했다고 해요. 왜 욕을 하는지 물었더니 이런 대답들이 나왔습니다.

"친구들이 쓰니까 안 하면 소외될까 봐." "욕을 좀 해야 애들과 친해질 수 있다." "그냥 습관이 돼서."

욕을 어디에서 배운 것인지 물었더니 '인터넷에서 알게 됐다'라는 청소년이 가장 많았습니다.

'존x'와 '씨x'은 어디서 온 욕일까

학생들이 많이 쓰는 욕설에 대한 보고서가 있습니다. 인하대 국어문화원에서 수행한 작업인데, '청소년 한글지킴이' 활동을 하는 학생들이 2018년에 고등학교 재학 중인 청소년들을 대상으로 조사한 내용을 정리한 보고서죠.

'존x' '씨x' '개xx' '엄x' '엿 먹어라'

10대가 가장 많이 사용하는 다섯 가지 욕입니다. 어떤 상황에서 어떤 의미로 사용하는지는 다 알고 있을 겁니다. '존x'는 상황을 강조할 때 쓰는데 '아주' '많이' '진짜' 정도로 바꿔도 가능한 자리에 들어가요. '씨x'은 일종의 추임새나 감탄사처럼 말 사이사이에 끼어들고요. '개xx'는 사람을 모욕할 때 쓰던 욕설인데 지금은 '개망신을 당하다'에서처럼 '개-'라는 접두사가 강조의 의미로 쓰이기도 합니다. 이제는 아

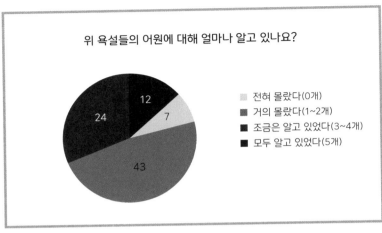

위 욕설들의 어원에 대해 얼마나 알고 있나요?

12
7
24
43

■ 전혀 몰랐다(0개)
■ 거의 몰랐다(1~2개)
■ 조금은 알고 있었다(3~4개)
■ 모두 알고 있었다(5개)

뜻을 알고 사용하는 것일까?

주 흔한 말머리가 되어버려서 '개이쁨' '개좋아' 같이 긍정적인 의미일 때조차 '개'를 붙이는 언어습관이 그리 낯설지 않습니다.

그런데 습관처럼 쓰는 이런 단어들의 의미나 어원은 정작 모르고 있다는 학생들이 많았습니다. 앞에 소개한 조사에서 청소년의 95%가 평소에 비속어나 욕설, 은어를 쓰고 있지만 72%는 뜻을 모른 채 무의식적으로 사용하는 것으로 나타났거든요.

우리가 무심코 쓰는 욕설 중에는 여성과 남성의 성기를 가리키거나 성적인 뜻을 지닌 게 많습니다. '존x'는 남성의 성기를 갖고 비속어를 만든 것이고, '씨x'은 정말 심각한 의미를 담고 있어요. '제 어미와 성관계를 맺는다'라는 표현에서 나온 말이니까요. '니미'라는 욕설도 같은 거예요. 근친상간이라는, 유사 이래 인류 사회 어디에서나 비슷하게 찾아볼 수 있는 터부(금기)를 건드리는 욕설입니다. 그런 금기가 보편적인 것처럼, 금기를 소재로 삼은 욕설도 영어나 중국어를 비롯해 여러 나라에서 찾아볼 수 있어요. 이른바 '패드립'이죠. 인간으로서 지켜야 할 도리를 어긴다는 뜻의 '패륜'과 애드리브를 줄인 '드립'을 합친 말입니다. 흔히 부모님을 욕보이는 상황을 웃기기 위한 소재로 쓰는 상황이나 단어를 의미합니다.

그런데 철천지원수에게나 쓸 법한 욕이 특히 10대 청소년들 사이에서 일상적인 감탄사가 되어버렸다니, 예사롭게 넘길 일은 아닌 것 같아요. 물론 청소년기의 거친 말투는 어른으로 성장해 사회생활을 하다 보면 자연스럽게 줄어들기도 합니다. 취직한 뒤에 사장님이나 상사 앞에서 입버릇처럼 "씨x"이라는 추임새를 쓸 수는 없으니까요.

욕설은 사회에서 문화적으로 금지돼 있거나 '나쁘다'라고 손가락질 받는 표현입니다. '씨x' '걸레' '엄x' '니미' 같은 욕설은 그 자체로 성차별과 여성혐오도 담고 있습니다. 편견과 고정관념, 잘못된 가치관을 담은 욕설들이 평등하고 선한 사회로 나아가는 데 나쁜 영향을 퍼뜨리는 것이지요.

"한국인들은 '엄x'이라는 말을 많이 쓴다."
"'노동자 같다'라는 말은 욕이다."

외국의 온라인 서점에서 팔리는 한국어 교재에 예시문으로 이런 문장들이 등장했다고 합니다. 욕설과 혐오의 언어가 제3자의 시선으로 봤을 때 더 현실적으로 다가오게 마련인데요. 말은 습관으로 굳어지면 때와 장소를 가리기 어려워지는 순간이 찾아옵니다. 욕이 습관으로 굳어지기 전에 털어버리는 연습도 필요하지 않을까요?

욕을 하면 스트레스가 풀릴까?

욕을 하는 게 바람직하다고 칭찬할 수는 없지만, 무조건 쓰지 말라고 해서 사라질 일도 아닙니다. 격렬한 감정을 느끼고 드러내는 것은 어찌할 수 없는 사람의 특성 중 하나인데 '고운 말을 써라' '욕설을 자제하라'라고 한다고 해서 감정까지 몽땅 통제할 수는 없잖아요. 남을 공격하려고 쓰는 말이 아니라 힘든 상황이 닥쳤을 때 나도 모르게 욕이 튀어나올 수도 있습니다. 내면에 쌓인 분노를 거친 말로 퍼붓고 나면 어쩐지 속이 시원해지는 느낌을 받기도 하고요.

그런데 욕을 하면 정말 마음이 좀 편해질까요? 실제로 스트레스가 줄어들까요?

영국의 한 심리학자가 그걸 연구했다네요.[22] 이 학자는 욕설을 내뱉는 것이 사람들의 감정에 어떤 영향을 미치는지, 욕이 아닌 순한 말로 대체할 때는 어떤 일이 벌어지는지를 조사했습니다. 욕설이 정말 고통스러운 상황에서 사람들의 감정을 분출하고 다스리는 데에 효과가 있는지 알아보려고 한 것이지요.

실험은 비교적 간단했어요. 참가자들에게 얼음이 가득 찬 양동이를 준 다음 그 안에 손을 넣고 견디라고 했습니다. 두 번에 걸친 실험에서 첫 번째는 욕을 딱 한 번 할 수 있게 해줬고, 두 번째는 욕을 못 하게 하고 정중한 표현만 쓰게 했대요. 결과는 어땠을까요? 욕을 했을 때 더 오래 버틸 수 있었다고 합니다! 욕설이 고통을 더 잘 견딜 수 있도록 도운 거예요.

그런데 실험을 진행한 심리학자는 욕이 고통을 없애는 게 아니라 고통을 더한다고 분석했어요.

"힘든 상황에서 욕을 하면 스트레스가 더 높아집니다. 스트레스가 올라가면 오히려 고통을 느끼지 못하는, 즉 통각 상실 기능이 몸에서 작동하기 시작합니다."

욕을 하면 심박수가 올라가고 감정을 마비시키는데 이런 증상이 역설적이지만 고통을 덜 느끼게 해준다는 거예요. 그래서 흥분한 상태에서 욕을 하게 되고, 욕을 함으로써 흥분이 더 커지는 악순환을 경험하게 되는 것이지요.

욕설이 나쁜 감정을 표현하고 배출한다지만, 요즘은 적잖은 이들의 말버릇이 돼버린 것 같습니다. 기분과 상관없이 그냥 일상 어휘의 하나가 된 듯한 느낌이에요.

청소년기를 지나 인격적으로 성장하면 욕을 하는 빈도는 줄어들기 마련입니다. 그런데 인터넷 문화가 언어생활의 성장을 방해한다는 의견도 있습니다. 우리는 태어나 성장하는 동안 다른 사람들과 얼굴을 마주하고 관계를 맺고 또 헤어지는 과정을 경험하며 사회의 구성원으로 사는 법을 배웁니다. 그 과정에서 언어도 다듬어지고 성장하지요. 이에 비해 대면으로 대화하지 않는 온라인 공간에선 관계의 사회화가 이뤄지지 못합니다. 공격적인 말이나 비속어, 욕설을 가다듬을 수 있는 배움의 과정이 없으니까요.

이렇듯 온라인 언어는 시간이 지나도 좀처럼 성장하지 않습니다. '인터넷 실명제'라는 제도가 생긴 배경이기도 해요. 온라인 커뮤니티나 포털에 가입할 때 실명 인증 절차를 거치게 하는 것인데요. 익명성을 무기로 남을 향한 욕설과 비속어 등으로 공격하거나 모욕하는 글이 많아지면서 스스로 한 말에 책임을 지우려고 만들었습니다. 확인되지 않은 소문을 퍼뜨리는 가짜뉴스가 난무하게 된 것도 실명제라는 장치가 생긴 이유이고요.

물론 신원을 알 수 있는 개인정보를 기록으로 남긴다고 해도 당장 온라인에서는 아이디나 닉네임으로 활동할 수 있으니 이름과 얼굴을 가린 채 익명으로 존재할 수 있습니다. 나의 정체를 드러내지 않고 나를 전혀 모르는 사람들과 만날 수 있다는 뜻인데요. 학교나 회사 같은 소속이나 출신, 현재 사는 곳, 가족, 친구, 동료 등 현실에서 나란 사람을 이루고 있는 정체성은 사라집니다.

이런 익명성은 인터넷이란 공간에서 자유를 주지만 책임감과 통제력을 빼앗아가요. 소속감이나 친밀감이 없는 익명과 익명이 만나기 때문에[23] 배려도 이해도 찾아보기 힘듭니다. 유독 온라인에서 언어폭력이 쉽게 불거지는 이유이기도 해요. 욕을 하면 잠시 기분이 풀리는 느낌이 들지만, 결국 감정적으로는 더 흥분하게 되어 폭력성은 더욱더 강해집니다.

유튜브나 커뮤니티, 기사 댓글을 떠올려봅시다. 욕설이나 비속어를 남기는 시청자들이 예전에 비해 엄청 많아졌지요? 개중에는 욕을 하는 것이 청소년들의 또래 문화이고, 친근감을 나타내는 집단 문화의 일부분이라고 말하는 사람도 있습니다. 그러니 그건 '악플'이 아니라고요. 이때 악플인지 아닌지 간단하게 구별하는 방법이 있습니다. 자신이 쓴 글을 가족이나 동료들에게 보여줄 수 있나요? 면접장에 가서 댓글로 단 이야기를 당당하게 꺼낼 수 있나요? 없다고요? 그렇다면 그것은 욕이고 악플입니다.

평생 입으로든 속으로든 욕 한마디 안 한 사람은 아마 없을 겁니다. 사는 게 힘들고 지치면 푸념처럼 욕을 하게 되기도 하고요. 그래도 내가 쓴 거친 말들이 어떤 뜻인지, 그 말이 나에게 어떤 기운을 미치는지, 다른 사람에겐 어떤 영향을 주는지 알고 써야 하지 않을까요?

욕설에 담긴 문화

하대치는 마땅찮음이 가득 물린 입을 삐뚜름하게 해가지고 서운상이네 솟을대문을 올려다보며 여기저기 살피고 있었다.

"씨부랄 놈, 이놈도 작인덜 등까죽깨나 빗긴 놈이로구만."

그는 투덜거리고 나서 카악 가래를 돋우어 대문을 향해 내뱉었다. (…)

"누구다요오! 대문 그리 쳐대먼 그짝 주먹 깨지제, 대문에 실금이나 갈 줄 아요?"

앙칼진 여자의 소리가 날아왔다. "워떤 년이 새살 한분 잘 까네."

하대치는 욕질을 하며 대문 두들기기를 그쳤다.

조정래 작가의 장편소설 『태백산맥』 5권에 나오는 구절입니다. 『태백산맥』에는 구수한 전라도 사투리와 함께 욕설의 향연이 펼쳐지는데요. 이 소설의 욕설은 문학적인 재미를 돋우는 중요한 요소로 꼽힙니다.

김첨지도 이 불길한 침묵을 짐작했는지도 모른다. 그렇지 않으면 대문에 들어서자마자 전에 없이, "이 난장맞을 년, 남편이 들어오는데 나와 보지도 않아, 이 오라질 년."이라고 고함을 친 게 수상하다. (…)

방 안에 들어서며 설렁탕을 한구석에 놓을 사이도 없이 주정꾼은 목청을 있는 대로 다 내어 호통을 쳤다.

"이런 오라질 년, 주야장천 누워만 있으면 제일이야. 남편이 와도 일어나지를 못해."

교과서에도 실린 현진건 작가의 단편 소설 「운수 좋은 날」의 한 구절입니다. 여기에도 주인공이 욕을 하는 대목이 여러 번 등장하죠.

욕설은 단순한 감정 표현을 넘어서 문학의 일부가 되기도 해요. 욕에는 그 시대 사람들의 정서, 특히 거르지 않은 생생한 감정들이 담겨 있기도 하니까요. 책 『국어 비속어 사전』은 소설에 나온 욕을 정리해 놓았는데 1930년부터 1990년대 작품에 사용됐던 다양한 욕이 소개되어 있습니다.

드라마와 영화에서도 주인공이나 주변 인물이 비속어나 욕이 담긴 대사를 하는 경우가 많습니다. 유튜브 영상에 가면 더 자주, 더 센 욕이 가감 없이 나오고요. 대중문화에서 욕하는 장면을 심심치 않게 보게 된 지는 그리 오래되지 않습니다. 예전에는 풍속을 단속한다는 명목으로 정부에서 엄격하게 규제했거든요. 욕설은 절대 금지였습니다. 외국 영화에 등장하는 영어 욕설 중 'fxxx'이라는 'f워드'도 모두 '제기랄'이라고 번역해 더빙했답니다. TV에서 들을 수 있는 가장 심한 욕설이 '제기랄'이었던 거예요.

2009년, 지상파 뉴스에서 방송사고가 난 적이 있어요. 같은 방송국의 드라마 대사가 방송통신심의위원회의 감시망에 걸려 징계를 받게 됐다는 보도가 원인이 됐습니다. 징계를 받은 건 당시 큰 인기를 끌었던 시트콤 〈지붕 뚫고 하이킥〉이었어요. 정확하게 말하면 시트콤의 초등학생 출연자가 입버릇처럼 말하던 대사 '빵꾸똥꾸'가 징계를 받았습니다. 방통위는 "왜 때려, 이 빵꾸똥꾸야" 같은 대사가 방송법을 위반했고, 어린이들이 방송을 볼 수 있는 시간대에 이런 대사가 나오면 "어린이 시청자들의 올바른 가치관과 행동 양식 형성에 악영향을 미칠 우려가 있다"라고 판단했다고 해요. 이 소식을 전하던 뉴스 앵커가 '빵꾸똥꾸' 발음을 하다가 그만 웃음을 터뜨려서 생방송 중 사고가 난 거예요.

당시 최고의 유행어이기도 했던 '빵꾸똥꾸'라는 말은 징계를 받을 정도로 심각한 욕이었을까요? 사람마다 느끼는 언어의 강도에는 차이가 있을 거예요. 하지만 의미도 분명하지 않은 유행어를 징계까지 했다는 사실이 여러 언론에 보도될 만큼 일반 시민들에게는 의아한 일로 비춰졌지요.

몇 년 전 여러 나라에 또 한 번 한류 돌풍을 일으켰던 드라마 〈태양의 후예〉도 욕설이 담긴 대사 때문에 방송통신심의위원회로부터 가벼운 징계인 권고 처분을 받았습니다. 이에 제작진은 "드라마 전개상 필

때로 어떤 종류의 욕설은 유머가 되기도 한다.

요한 부분이었다"라고 해명하기도 했어요.

　반대로 분명 욕인데도 사람들이 재미있어하는 유머의 코드가 되는 경우도 있습니다. 2020 도쿄올림픽에서 여자 배구 국가대표팀의 주장이었던 김연경 선수의 '식빵'이 그렇습니다. 김연경 선수의 유튜브 채널 이름이 '식빵 언니'이기도 해요. '식빵'은 김 선수가 치른 수많은 배구 경기에서 거의 매번 등장합니다. 윙스파이커로서 네트 앞에서 공격하는 포지션인데 생각대로 공격이 먹혀들지 않거나 상대의 공격을 막아내지 못했을 때 등장하는 입모양이에요. 팬들이 "이 말은 '씨x'이라는 욕설이 아니라 '식빵'"이라며 편을 들었고 김연경 선수의 별명이 됐습니다.

　관중 없이 치른 도쿄올림픽에서는 워낙 경기장이 조용해서 입모양뿐 아니라 실제 음성까지 생생하게 방송을 탔지만, 문제가 되지는 않았습니다. 욕설이 팬덤이라는 거름망을 거치면서 아이콘으로 승화가 된 거예요. 요즘 케이블TV 드라마를 보면 그보다 몇 배 심한 욕설이 나오는 걸 알 수 있는데요. 어쩌면 우리 사회가 욕에 대해서 예전보다 관대해졌는지도 모르겠습니다.

영화는 TV보다 보는 사람의 연령대를 철저하게 통제할 수 있으니 수위가 다를까요? '이 자식' '이 새x'를 넘어서는 욕이 한국 영화에 처음 등장한 건 1990년대 초반이라고 합니다. 1994년 여균동 감독의 〈세상 밖으로〉라는 영화에 'x만아' 대사가 나온 후 '조폭 영화' 시대가 열렸고 욕이 양념 역할을 하는 대사를 넘어서 등장인물들이 나누는 대화의 상당 부분을 차지하는 수준으로까지 늘어납니다.

노래도 마찬가지예요. 지금은 욕이 들어간 노래 가사를 쉽게 찾아 볼 수 있어요. 특히 힙합이라는 장르는 미국에서도 욕을 많이 하는 것 으로 유명합니다. 기성세대나 구체제에 대한 저항의 의미로 시작됐다 는데, 요즘은 저항정신보다 욕을 나열하는 노래들이 더 많은 듯해요.

욕설이 없는 노래인데도 내용만으로 유해 판정을 받는 경우도 있습 니다. 일례로 2011년 십센치의 〈아메리카노〉가 심의위원회에서 청소년 유해 매체물로 결정돼 청소년 보호 시간대에 방송이 금지되었죠.

"이쁜 여자와 담배 피고 차 마실 때"
"다른 여자와 입 맞추고 담배 필 때"

방송이 금지된 이유는 이 가사가 담배를 미화하고 건전한 교제와 만남을 왜곡한다는 것이었습니다. 10년 전에도 그랬지만 지금 다시 봐도 여전히 어리둥절하네요.

쌍시옷만 아니면 괜찮을까

　욕설과 비속어가 아니더라도 남을 공격하고 욕하는 언어가 있습니다. 욕설은 은유적으로도 섞이지 않은 표현과 단어, 신조어와 유행어가 함께 사는 사회의 누군가를 손가락질하는 데 사용되는 경우인데요.

'틀딱충' '맘충' '전라디언' '메퉤지' '된장녀' '어린이'
'휴거' '엘사' '가난충' '이백충'

　바로 이런 말이에요. 우리 사회의 심각한 문제들을 더 많이 드러내는, 욕설보다 훨씬 심한 언어일지도 모르겠습니다.

　이런 말들은 대개 공동체의 구성원들을 나이, 성별, 고향, 소득에 따라 편을 나누어 교묘하게 우열을 조장합니다. 사람에겐 저마다 각자의 특성이 있게 마련인데, 한 가지 요소만 가지고 그 집단을 싸잡아 비난하듯 규정해버리는 거죠. 이렇게 일부를 구분해서 섣부른 일반화로 편견을 갖게 하는 단어들은 그 언어가 지목하는 사람들을 비하하고 그들에게 모욕감을 줍니다. 예를 들어 '가난'에 벌레를 뜻하는 '충'을 붙여 부른다면 '돈 없는 사람들은 무시를 당해도 싸다'라는 위험한 생각을 부추길 수 있어요.

노인 비하 표현을 예로 들어볼까요? '틀딱' '노슬아치' '연금충'…. 노화로 치아가 튼튼하지 않아 틀니를 끼고선 '딱딱' 소리를 내고, 나이 든 것이 '벼슬'인 양 행동하며, '연금'이나 축내는 벌레라고 혐오하는 말입니다. 특정한 나이대를 꼬집어 자신들과 말이 잘 통하지 않고, 사회적으로도 소용없는 존재라고 선을 긋는 거예요. 이런 말이 편견을 강화해 다시 혐오의 언어에 힘을 실어줍니다.

'꿀 먹은 벙어리' '눈뜬장님' '앉은뱅이 술'과 같은 표현은 비장애인들이 장애를 무신경하게 비유의 대상으로 사용하는 사례입니다. 장애를 '앓고 있다'라고 한다거나 장애에도 '불구하고'라는 식으로 비장애인의 시각에서 동정의 대상으로 표현하는 것도 피해야 하죠.

탄광의 맨 안쪽을 가리키는 막장에서 시작된 '막노동'이라는 말은 직업의 귀천을 나눠 육체노동이 가치가 없다는 오해를 낳을 수 있습니다. '짱깨' '쪽발이' '흑형'처럼 인종주의적 시선을 드러내는 단어도 있습니다. 국내 프로 구단에 소속돼 활동하는 외국인 스포츠 선수들을 '용병'이라 부르는 것도 적절하지 않습니다.

'불법 체류자' 역시 이주 노동자의 존재 자체를 '불법'이라고 인식하고 차별을 정당화하는 언어라는 비판을 받지요. 요즘은 '미등록 이주

'벙어리장갑 아니고 손모아장갑'

앉은-뱅이

발음 [안즌뱅이]

「명사」

「1」 하반신 장애인 중에서 앉기는 하여도 서거나 걷지 못하는 사람을 낮잡아 이르는 말.

· 우연히 다릿병을 앓았습니다. 가난한 형세라 좋은 약은 쓸 수가 없고 병은 점점 더하여 **앉은뱅이**가 되어 버렸습니다.≪박종화, 임진왜란≫

「2」 키나 높이가 작거나 낮은 대상을 비유적으로 이르는 말.

· **앉은뱅이** 거울
· **앉은뱅이** 샘터
· **앉은뱅이** 시계

눈뜬-장님

발음 [눈뜬장님]

「명사」

「1」 눈은 뜨고는 있으나 실제로는 보지 못하는 사람. 늑은소경

'(비슷한말), 청맹과니(靑盲과니)

「2」 무엇을 보고도 제대로 알지 못하는 사람.

· 그는 자기에게 무엇이 소중한지도 모르는 **눈뜬장님이다**

'(비슷한말), 청맹과니(靑盲과니)

〈표준국어대사전〉의 설명글.

자'나 '미등록 외국인'이라고 부릅니다. 부모 한쪽이 이주자인 가정의 아이들을 '다문화'라고 부르는 것도 차별과 비하의 표현이죠.[24]

지금까지 써왔던 단어들이 전부 적절하지 않다면 앞으로 이들을 뭐라고 불러야 하는지 궁금한 친구들도 있을 거예요. 그런데 이들을 구분해 이름을 붙어야 하는 이유는 무엇일까요? '너는 나와 다르다'라고 나타내야 하는 이유는요? 혹시 그동안 무의식중에 차별했던 습관이 언어에 뿌리 박혀 있는 것은 아닐까요?

혐오가 언어를 갉아먹을 때

"여자는 외모가 경쟁력이다."

"무슬림은 아이를 많이 낳기 때문에 한국이 이슬람 국가가 될 수 있어 입국을 제한해야 한다."

"동성애자는 에이즈의 주범이다."

"역시 흑형이 운동을 잘한다."

"방역수칙도 안 지키는 개x교"

"북한에게 퍼주기만 하는 종북좌x"

"xxx 출신 사람들은 목소리 크고 무식하다."

'진지충' '개저씨' '냄져' '셀카고자' '병신크리'

　

평소 흔히 볼 수 있는 문장들과 단어들입니다. 이 중에 혐오표현이라고 생각하는 것을 골라보세요. 사회학자들이[25] 이런 예시를 들어 조사해봤더니 정치적 성향이나 출신 지역, 성별, 장애를 가리키는 표현은 혐오라는 인식이 과거보다 커졌다고 해요. 반면 인종, 민족, 국적, 성적 지향, 나이와 관련한 표현은 문제가 있다고 느끼는 사람들이 많지 않았습니다. 남성보다는 여성, 나이 든 사람들보다는 젊은 사람들이 혐오표현을 민감하게 느끼고 있었고요.

'혐오'는 상대를 싫어하고 미워하는 마음입니다. 속으로는 누구든 그런 생각을 할 수 있어요. 그런 마음이 드는 것까지 막을 수는 없으니까요. 하지만 그것을 표현해서 말로 표현하고 일상 언어로 정착하게 만드는 것은 다른 문제입니다. 미움이 입 밖으로 언어가 되어 나오면 상대를 공격하는 무기가 될 수 있기 때문입니다.

유엔이 정의하는 혐오표현은 '차별이나 적대감 혹은 폭력을 선동할 수 있고 민족적, 인종적, 종교적인 증오를 높이는 말'입니다. 유엔 협약에서는 종교나 민족, 국적, 인종, 피부색, 성별 등등 그 사람의 능력과 상관없는 '정체성'을 가지고 경멸하거나 차별하는 것, 말과 글로 공격하는 '모든 형태의 표현'을 막아야 한다고 규정하고 있어요.

과거에는 혐오라고 인지하지도 못했던 말들이 '혐오표현'이라고 정의되면 다시 생각해보게 되지요. 한국에서는 혐오표현이 사회적인 문제로 불거진 게 오래되지 않은 일이지만, 인종차별과 민족 갈등이 심했던 외국에서는 이런 현상을 아주 민감하게 받아들여 엄격하게 처벌합니다.

독일에서는 증오를 선동하면 형법으로 처벌하고, 프랑스는 형법과 언론자유법에서 차별이나 혐오를 부추기는 모든 행위를 금지하고 있습니다. 두 나라 모두 온라인 혐오 콘텐츠에 관한 법률을 따로 만들어서 신고가 들어오면 삭제하거나 접근을 막고 있고요. 영국과 캐나다도 '공공질서법'이나 형법을 통해 공적인 대화나 공공장소에서 혐오표현을 쓰지 못하게 하고 있습니다.

한국은 2010년 이후 이주 노동자나 특정 지역을 비하하는 게시물이 크게 늘었고, 2015년 '강남역 살인사건'을 계기로 여성혐오에 대한 자각이 커지면서 심각성에 대한 논의도 활발해졌습니다. 여성의 직업성을 무시하는 '야쿠르트 아줌마', 운전 미숙자를 여성을 비하하는 말로 사용하는 '김여사', 여성에 대한 각종 프레임을 씌워 사안의 본질을 가려버리는 'xx녀'라는 말들이 여성에 대한 차별이라고 분명하게 인식하며 개선을 요구하고 있습니다.

2020년 코로나19가 퍼진 뒤에는 중국인과 특정 종교를 겨냥한 혐오표현이 많아졌습니다. 하지만 심각한 문제라고 인식할 뿐 아직 구체적인 규제안이 나오지는 않았습니다.

일상의 어떤 말이 혐오의 뜻을 포함하고 있어 쓰면 안 되는지 매번 인식하기는 어렵습니다. 습관이 된 언어는 하루아침에 바뀌지 않으니까요. 역사적으로 사회에서 소수였던 집단을 표적으로 삼는 말은 쓰지 않는 게 맞습니다. 집단의 작은 특성으로 묶어서 구분 짓기 위한 말도 마찬가지고요. 이런 말은 개인과 집단을 모욕하는 것에서 그치지 않고 차별을 더욱 조장하는 혐오의 언어가 되는 것이니까요.

혐오감정이 정치의 수단이 되기까지

어른들은 요즘 젊은 세대가 말을 험하게 한다고 곧잘 나무랍니다. 친구를 따돌리고 놀리려고 신조어까지 만드는 아이들이라면서 끌끌 혀를 차기도 하죠. 하지만 말본새의 문제는 꼭 '요즘 아이들'에게만 해당하는 게 아닌 듯합니다.

"암탉이 울면 집안이 망한다."
"화냥년"
"벙어리 삼 년 귀머거리 삼 년"
"○○놈들 조심하고 ○○놈들 믿지 마라."

오래전부터 전해오는 속담과 문구들을 보면 요즘 시대의 언어생활이 과거보다 나빠졌다고 볼 수도 없을 거 같아요. 성차별과 장애인과 지방 출신 비하 발언 등은 예전에 더 심했습니다. 당시 사람들의 인식이 그대로 반영된 것이겠죠. 그 시절 언어를 보면 사회에서 누가 소외돼 있는지, 어떤 집단이 우열을 나눠 소수자들을 무시하는 시선으로 바라보고 있는지도 알 수 있어요.

국가인권위원회가 만든 '혐오표현 리포트'가 있습니다. 이 보고서는 근대 이후 한국 사회에서 가장 오랫동안 위력을 발휘한 혐오는 반공 체제와 엮여 있다고 말합니다. '반공'은 말 그대로 공산주의에 반대하는 거예요. 냉전 시대에 우리나라는 같은 민족끼리 전쟁을 치러 나라가 반으로 나뉘었습니다. 남북이 첨예하게 대립하던 시절, 북한은 한국의 적이었어요. 정치적, 사회적, 안보적으로 가장 시급한 문제는 적과 맞서 싸우는 것이었습니다. 이런 상황은 뿌리 깊은 대립과 혐오를 만들었습니다. 정부를 비판하는 세력에게 '너는 북한 편이지!'라고 물으면 아무것도 할 수 없게 되는 거예요.

공산주의자를 비하하는 단어인 '빨갱이'는 지금도 여론과 다른 말을 하거나 나와 다른 생각을 하는 이를 공격하는 말로 쓰입니다. '빨갱이'로 몰아가 입을 다물게 하는 것이 독재정권의 전형적인 수법 중 하나거든요. 지금도 일부에서 쓰이는 '좌x' 따위의 단어들이 그 잔재라고 할 수 있어요.

언어학자들은 그 뿌리가 일제 강점기로 거슬러 올라간다고 설명합니다. 일본 제국주의에 협력하는 사람들은 천황에 복종하는 백성 즉 '신민'(臣民)으로 받아들이고, 통치에 저항하는 사람들은 '비(非)국민'으로 간주하던 식민통치 수법과 닮았다는 거죠.

결국 '빨갱이'라는 말은 해방 이후 좌우 이념 대립과 맞물리면서, 체제에 반대하는 사람은 물론이고 사회적으로 일탈하는 사람들을 적으로 규정해 낙인을 찍는 수단이 됐습니다. 이런 전략으로 독재정권은 사람들에게 공포심을 조장하여 '찍히면 죽는다'라는 '빨갱이 낙인'으로 사회의 여론, 국민의 의식을 제어했습니다.

군사 독재정권은 여기에 지역주의까지 동원했어요. 전라도를 차별하며 또 다른 '적'을 만든 겁니다. 정부와 권력기관은 물론이고 기업들에까지 지역감정이 퍼지면서 차별이 굳어졌고 혐오 정서가 깊이 각인됐어요. 전라도에 대한 혐오는 여전히 일베와 같은 커뮤니티를 중심으로 낙인찍기의 수법으로 사용됩니다. 오랜 시간 지역주의를 깨뜨리기 위해 노력했지만, 아직도 완전히 해결되지 않았죠.

이제는 민주주의가 무르익었고 인권과 성인지 관점이 그 어느 시대보다 예민해졌습니다. 예전엔 그냥 넘어갔던 차별 표현에 대한 거부감도 커졌습니다. 지역, 성별, 장애, 나이, 학력에 따른 차별을 넘어 혐오로 인식하고 있고요.

인권위는 리포트에서 최근 몇 년간 새로 부각된 혐오의 감정에 주목했습니다. 한국은 급속한 산업화를 통해 세계가 놀랄 만큼 경제적으로 발전했어요. 그 과정에서 사회적으로나 경제적으로 불평등이 조금씩 커졌습니다. 특히 1997년 외환위기 이후로 사람들은 '이 세상에 끝까지 나를 지켜줄 안전망은 없다. 각자 살아남아야 한다'라는 심리적 위기감이 생겨 경쟁의식도 치열해졌습니다. 어떤 학자들은 우리나라를 외환위기 전과 후로 나누어야 한다고 주장합니다. 그만큼 우리 사회의 여건과 분위기가 달라졌기 때문입니다.

이후 경쟁에서 언제 내쳐질지 모른다는 불안감, 무한경쟁에 내몰린 것에 대한 불만을 사회적으로 약한 사람들에게 투사하여 희생양으로 몰아가려는 현상이 더욱더 심해졌습니다. 여성과 성소수자, 이주민 등이 공격의 대상이 되고요.

사회 구조적으로 사라지지 않는 오랜 차별의 습관을 고치려고 하면 '역차별'이라는 말이 떠오르면서 여성과 장애인 등에 대한 혐오가 확산하기도 해요. 그때 언어 전쟁이 벌어집니다. '사회적 배려 대상자'라는 용어가 있습니다. 국가에서 제도적, 금전적으로 지원하는 사람들을 뜻합니다. 장애인, 기초 생활 수급자, 국가유공자 등이 포함되지요. 특정한 영역에 경쟁이 심해질 때 이들이 받는 경제적, 정책적 지원이 갑자기 공격받기도 해요. 이미 사회가 '배려'를 '해주고' 있는데 더 많은 걸 바란다면서요. '충' '거지' 등의 단어를 조합한 신조어로 대상자들을 부르기도 합니다. 사회적인 불만을 소수자에 대한 혐오로 푸는 대표적인 현상입니다.

2020년 초, 바이러스가 전 세계로 걷잡을 수 없이 퍼져 확진자가 늘면서 미국에선 아시아인을 폭행하는 사건이 연이어 일어났습니다. 길을 걷다가, 마트에서 장을 보다가 갑자기 당한 경우가 대부분이었어요. 사람들은 그때만 해도 아직 명확하게 규명되지 않은 바이러스를 중국에서 온 바이러스라는 의미의 '차이나 바이러스'나 '우한 바이러스', 중

혐오표현 경험

지난 1년 동안 혐오표현을 접한 사람은 10명 중 6명 이상인 64.2%였고, 연령이 낮을수록 혐오표현 경험률이 높게 나타났습니다.

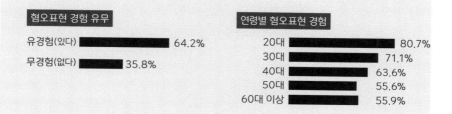

혐오표현 경험 유무

유경험(있다)	64.2%
무경험(없다)	35.8%

연령별 혐오표현 경험

20대	80.7%
30대	71.1%
40대	63.6%
50대	55.6%
60대 이상	55.9%

혐오표현 영향

혐오표현을 접한 후 87.3%는 '문제가 있는 표현이라고 생각했다'고 답했습니다.
공포심(53.1%)이나 위축감(50.5%)을 느낀 사람도 절반 이상이었습니다.
그러나, 직접적인 반대의사 표현(41.9%)보다는 그냥 무시하거나(79.9%), 혐오표현 발생장소나 사용자를 피하는(73.4%) 등 주로 소극적인 방식으로 행동한 것으로 나타났습니다.

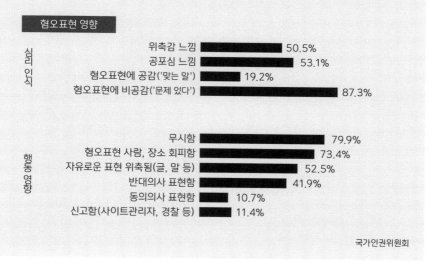

혐오표현 영향

심리인식

위축감 느낌	50.5%
공포심 느낌	53.1%
혐오표현에 공감('맞는 말')	19.2%
혐오표현에 비공감('문제 있다')	87.3%

행동영향

무시함	79.9%
혐오표현 사람, 장소 회피함	73.4%
자유로운 표현 위축됨(글, 말 등)	52.5%
반대의사 표현함	41.9%
동의의사 표현함	10.7%
신고함(사이트관리자, 경찰 등)	11.4%

국가인권위원회

혐오표현에 대한 국민인식조사 결과

국의 무술 '쿵푸'와 독감이라는 뜻의 영어 '플루'를 합친 '쿵플루' 등으로 불렸거든요. 감염의 근원지를 아시아로 지목하고 아시아 출신으로 보이는 사람들을 공격한 거예요. 정체를 알 수 없는 질병에 대한 불안 감을 사회의 소수자인 이민자들에게 풀었던 겁니다. 폭력과 편견이 심해지는 것을 막기 위해 이 바이러스를 부르는 공식 명칭은 '코로나19'로 바뀌었습니다.

'조센징'과 '국', 욕설 속의 슬픈 역사

무한경쟁. 극심한 양극화. 기다려주지 않는 빨리빨리 문화. 이런 한국 사회에서 허덕이며 살고 있다고 해서 청년들은 자조적으로 우리나라를 '헬조선'이라고 부릅니다. '지옥의 조선.' 그런데 왜 '헬한국' '헬코리아' '헬고려'라고 하지 않고 '조선'이 되었을까요?

조선은 한반도에 존재했던 여러 왕조 가운데 하나입니다. 대한민국 직전의 국가이기도 하지만, 일제에 나라를 빼앗겨 막을 내린 치욕적인 역사를 가진 나라이기도 합니다. '한국'을 비웃는 듯한 의미를 담은 신조어에 조선 왕조의 이름을 붙인 건 한국인의 머릿속에 과거 일제가 주입한 잘못된 편견 때문이라는 주장도 있습니다. 조선에 대한 인종차별적인 시선이 찌꺼기처럼 남아 있다는 거예요.

'조센징'이라는 단어를 들어본 적 있나요? '조선인'(朝鮮人)의 일본식 발음입니다. 단어 자체만으로 욕이라고 할 수는 없어요. 하지만 일제 강점기를 거치면서 '조선인'은 곧 한국인을 멸시하는 인종차별적인 용어가 됐습니다. 광복을 맞이한 지 80년이 다 되어가지만, 여전히 한국인을 비하하는 데 사용되고 있어요.

일본의 유명 화장품 회사의 회장이 공식적인 자리에서 한국인을 비하하면서 '죤토리'[26]라는 말을 썼습니다. 일본 회사인 산토리가 광고 모델로 한국계 일본인(재일 한국인)을 기용한다고 비난하면서 '조센징'과 같은 의미의 일본어인 '죤'(チョン)에다가 산토리의 이름을 합친 겁니다. 일본에서도 이런 발언은 '헤이트스피치'(hate speech; 혐오발언)에 해당한다면서 비난 여론이 일었습니다. 문제의 발언을 한 회장은 예전에도 한국인들을 '조센징'이라 부르며 막말을 했던 인물이고요. 한국 소비자들은 소셜미디어에서 이 회사의 물건을 사지 않겠다며 불매운동을 벌였습니다. 일제 식민통치가 끝난 지 오랜 세월이 흘렀는데도 '조센징'이란 단어가 차별과 혐오를 담고 있다는 것을 보여주었던 사례입니다.

그러나 한국도 인종차별 문제에서는 자유롭지 않습니다. 일본인을 '쪽발이', 중국인을 '짱깨' '짱꼴라' 같은 말로 부르곤 했거든요. 중국어로 가게 주인을 '장궤'(掌櫃)라고 쓰고 '짱구이'(zhǎnggui)라고 읽는 데서 나온 단어예요. 주로 음식점에서 일하는 중국인들을 지칭하던 은어가 중국인을 비하하는 혐오의 언어가 됐습니다.

미국인이나 유럽인들이 동양 사람을 묘사하면서 손가락으로 두 눈을 찢는 듯한 행동을 할 때가 있지요. 동양인이 가느다란 눈, 영어로 말하면 '칭키 아이'(chinky eye)를 가졌다고 멸시하는 의미를 담은 동작입니다. 영국 프로축구 리그에서 뛰고 있는 손흥민 선수가 출전한 경기에서 상대팀 선수가 이런 행동을 해서 한국 팬들이 격분한 적도 있지요.

서양에서 중국어 발음을 우스꽝스럽게 표현해 중국인들을 '칭챙총'이라는 말로 모욕하는 것, 백인을 따라 하는 동양인을 '바나나'라 부르는 것도 차별과 혐오의 언어입니다. 2006년 미국 공화당의 중견 정치인이 아시아계 청년을 향해서 '마카카'(원숭이)라고 욕하는 장면이 공개되고 선거에서 떨어진 일도 있었어요. 코로나19 사태가 터진 후 미국이나 유럽에서 "아시아인이 바이러스를 퍼뜨렸다"라며 아시안들에게 욕을 하거나 폭력을 가하는 사건들도 일어났지요.

아시아인을 비하하는 말 중에 '국'(Gook)이라는 단어가 있어요. 한국계 미국인들이 겪는 차별을 담은 영화의 제목이기도 합니다. 19세기 말 미국은 스페인과의 전쟁에서 승리해 필리핀을 점령했는데요. 이때 필리핀에 주둔한 미군들이 현지인을 자신들보다 열등한 인종으로 취급하면서 부른 말이라고 해요. 어원은 정확히 알 수 없습니다. 당시 '쓰레기 같은 인간'이라는 의미로 쓰거나 성매매 여성을 가리키는 욕으로 사용하다가 아시아 출신을 비하하는 말이 됐다는 의견이 있습니다.

1950년대 한국전쟁 때 '국'은 한반도로 건너옵니다. 미군들이 북한군을 지칭할 때 주로 썼다고 해요. 1960~70년대에는 베트남으로 옮겨가 모욕의 표현이 됐지요. 베트남 전쟁에 참여했던 미군들이 적이었던 북베트남 군인들을 이렇게 불렀습니다. 한국에서는 당시 북베트남 군인들을 '베트콩'이라고 불렀는데, 이 또한 베트남의 공산주의자(Việt Nam Cộng-sản)를 비하하는 표현이에요. 2003년 이라크를 공격한 미국인들은 현지 사람들을 '알리바바'라며 모욕적으로 부르기도 했습니다.

　나와 다른 나라의 사람, 민족, 집단을 놀리는 듯한 용어들을 우리는 너무 쉽게 입에 담습니다. 그 속에 숨어 있는 전쟁과 식민의 역사, 그 과정에서 발생한 점령과 인종차별 등 아픈 역사를 도외시한 채 말입니다. 문제는 혐오의 단어들이 늘 역사적 비극을 경험한 피해자들을 향하고 있다는 점입니다. 그러니 생각 없이 이런 단어를 쓴다는 것은 가해자의 시선에서 그들을 무시하는 일입니다. 36년간 일제의 탄압을 당했던 아픈 역사를 경험한 우리로서는 재미로 쓸 수 없는 언어가 아닐까요?

> ## 오바마도 들었던 'N워드'

"피부색도 밝은 편이고 니그로 사투리도 안 쓰는 사람"

"세련된 데다가 밝고 깨끗하고 외모도 멋진 최초의 아프리카계 주류정치
인"

칭찬인 듯 칭찬 아닌 칭찬 같은 말입니다. 2009년 미국 최초로 흑인
대통령이 된 버락 오바마 대통령이 그동안 정치를 하면서 친한 사람들
에게 들었던 소리라고 해요. 훌륭한 동료에게 지지와 찬사를 보낸다며
백인 정치인들이 은연중에 꺼낸 이야기인데 칭찬으로 욕을 하는 꼴입
니다. '흑인치고는 피부가 밝다' '니그로 사투리도 안 쓰는 흑인' '흑인
인데 세련되고 깨끗하며 외모도 멋지다'라고 하는 것이 얼핏 들으면 칭
찬 같지만 그 밑에는 흑인에 대한 은근한 무시가 깔려 있으니까요.

특히 '니그로'라는 단어는 흑인을 비하하는 표현입니다. 한국말로
'검둥이' 정도인 아주 심한 모욕적인 언어죠. 그래서 이 말을 어쩔 수

없이 언급할 때는 'N-단어'(N-word)라고 하는데요. 정치인뿐만 아니라 누구라도 이런 말을 했다가는 크게 욕을 먹습니다. 흑인 대통령이 탄생한 미국에서도 인종차별은 여전히 백인 사회에 깊숙이 박혀 있는 것 같습니다. 차별의 언어가 사라지지 않았으니 말이에요.

두 번째 문장은 오바마가 대통령이던 시절에 부통령을 지냈고 지금 미국의 대통령인 조 바이든이 했던 말이에요. 오바마가 신인 정치인이던 시절에 '덕담'이라고 했던 발언인데, 이것이 나중에 알려진 것입니다. 바이든은 이 말에 대해 오바마에게 사과했습니다.

미국에는 흑인을 비하하는 단어들이 유독 많습니다. '앤'(Ann)이라는 평범한 이름이 때로는 흑인과 사귀는 백인 여성이나 백인이 되고 싶어 하는 흑인 여성을 일컫는 말로 쓰이기도 합니다. 흑인을 '유인원'(ape) 혹은 '까마귀'(crow)라고 하거나 아프리카계 사람들을 '삼보'(Sambo)나 '잠보'(Zambo)라고 하기도 해요. 과거 흑인들을 노예로 삼았던 백인들의 우월적인 시각이 여전히 남아 불평등의 언어로 자리 잡은 것이죠.

과거 호주로 건너간 영국계 이민자들은 현지 원주민들을 짐승처럼 여겨 무차별하게 학살했습니다. 고유의 문화를 말살하고 부모에게서 아이들을 빼앗아 '백인처럼' 키우는가 하면 기차를 타고 가면서 눈에 보이는 원주민들에게 마구 총을 쏘기도 했습니다. 호주의 원주민을 '애버리진'(Aborigine)이라고 하는데요. 그 줄임말인 '아보(Abo)'는 원주민을 비하하는 단어로 쓰입니다.

혐오의 말이 얼마나 강한 중독성을 갖는지를 보고 싶다면 미국과 유럽의 인권 운동의 역사를 살펴보세요. 인종차별과 성차별을 거부하고 정치, 문화, 사회 전체에 퍼져 있는 차별, 혐오의 언어를 지우려는 인권 운동은 1960년대 시작됐습니다. 한국에서 'PC함'이라고 불리는 '정치적 올바름'(politically correctness) 운동이죠.

「백설공주」를 비롯한 동화 속 여자 주인공들이 남자에게 의지하고 선택을 받아야 하는 존재로 그려지는 것이 불평등하다고 말하고, 회장(chairman)이라는 회사의 대표를 나타내는 단어가 왜 'man' 즉, 남자만 상징하는지 의문을 제기했습니다. 이 운동을 통해 동화를 성 평등하게 다시 쓰고, '회장'이라는 단어가 사람을 상징할 수 있도록 'chair-person'으로 바꾸었죠.

평등하고 정의롭게 다 함께 살아가기

2010년대 초반에서야 'PC함'에 대해 이야기하게 된 한국에 비하면 서구권은 반세기나 앞서 평등을 외쳤지만 혐오 언어는 여전히 남아 있네요. 언어는 생각을 담는 그릇입니다. 또 우리의 생각은 말을 통해 더욱더 깊어지고 뚜렷해집니다. 차별의 언어에 민감하게 반응하고 경계하라고 강조하는 이유이죠. '악의가 없었다'거나 '무심결에 쓴 말이다'라고 할 때 그 말들이 정말 내 생각과 무관한 것이었는지 살펴야 하는 배경이기도 하고요. 그래서 차별과 혐오에 대한 행동과 언어들을 더 강력하게 처벌하는 법도 만들어지고 있습니다. 자율주행차와 전기차 분야의 선구자인 미국 기업 테슬라는 캘리포니아의 한 공장에서 관리자가 직원에게 'N워드'를 썼다는 점 때문에 100만 달러 가까운 배상금을 내기도 했습니다.

"여자치고는 잘하네."
"그래도 넌 얼굴이 예쁘잖아. 여자가 예쁘면 장땡이지."
"무슨 남자가 그런 세심한 것도 챙길 줄 알아."
"너희 동네 원래 못 살던 곳인데 그 정도면 많이 괜찮아진 거지."
"그 나이가 되셔도 개념 있는 말씀을 하는 분이 계시는군요."

듣는 사람에 따라서 칭찬으로 받아들일 수도 있고 갸우뚱할 수도 있습니다. 속으로는 기분이 나쁘지만, 굳이 말하지 않고 지나갈 수도 있지요. 무심결에 한 말이고, 정말 아무런 의도 없이 누군가 상처를 줄 생각이 아니었던 한마디일 수도 있어요. 차별의 언어는 습관처럼 공기처럼 존재하기 때문이에요. 이제까지 보이지 않았던 불편함이 지금 느껴졌다면 당장 고치면 됩니다.

5장

사람의 말을
배운다는 것

" 나는 지금 누구랑 말하는 거지?

어릴 때 미래를 그린 공상과학 영화나 만화에 항상 등장하는 장면이 있었어요. 주인공이 손목에 찬 시계를 통해 다른 사람과 대화하는 거예요. 비디오 대여점에서 700원을 주고 일주일간 빌려온 최신 영화 테이프를 브라운관 TV로 보던 시절이니, 말도 안 되는 상상이라고 생각했지요.

그 시절엔 친구와 약속이라도 할라치면 며칠 전부터 날짜와 시간, 만날 장소를 정하고 수첩에 적어놨습니다. 만나기로 한 날 급한 일이 생겨 친구 집에 전화했는데 아무도 받지 않았을 때엔 약속에 못 나간다는 이야기조차 전하지 못했지요. 바람맞은 친구는 집에 돌아와 한참 전 전화기에 녹음된 '약속 못 지켜 미안하다'라는 음성을 허탈한 마음으로 들어야 했답니다.

실시간으로 연락을 주고받게 된 것은 그리 오래된 일이 아닙니다. 인터넷이 등장하고 삐삐에서 시티폰, 휴대전화, 스마트폰까지 모두 경험하는 데 30년 정도밖에 걸리지 않았으니까요. 그리고 이제 정말 손목 시계를 통해 친구와 대화하는 그 미래가 현실이 됐습니다. 시계로 전화를 받는 건 기본이고요. 스피커에 대고 아래 나온 문장처럼 말을 하면 음성을 인식한 뒤 문자로 바꿔 메시지를 보냅니다.

"여기 정말 멋지지 않아 물음표 물음표"

"나 지금 한강 러닝 중인데 이따 폰으로 볼게 마침표 뭐 보냈어 물음표"

"이번 여행 가서 머물 숙소 느낌표 바로 앞이 바다야 느낌표 느낌표"

"크크크크크 대박인데 물음표 물음표"

"보지도 않았으면서 쩜쩜쩜"

"널 믿어 느낌표 느낌표 느낌표"

이렇게 스피커에 대고 말만 하면 문장 부호까지 글로 바꿔주네요.

👤 "여기 정말 멋지지 않아??"

"나 지금 한강 running 중인데

이따 폰으로 볼게. 뭐 보냈어?"

👤 "이번 여행 가서 머물 숙소! 바로 앞이 바다야!!"

"크크크 크크 대박인데??"

👤 "보지도 않았으면서…"

"널 믿어!!!"

음성을 문자로 바꿔주는 기술은 빠르게 발전했어요. 요즘은 여러 사람이 대화한 음성도 목소리를 구분해서 각자가 말한 부분을 따로 문자로 변환해줍니다. 오타나 오류가 없다고는 할 수 없지만요. "원하는 메뉴를 말하라"라는 친구의 메시지에 '아이스 아메리카노'의 줄임말인 '아아'를 음성으로 입력했다가 메신저가 맞춤법 표기에 맞게 '아이'라고 자동으로 변환해서 채팅을 보내는 바람에 아주 곤란했던 경험이 있습니다. 문서 프로그램에서는 아직도 'ㅋㅋㅋ'을 정확한 말로 인정해주지 않아 키읔을 연속으로 칠 수가 없는데요. 기계의 기능에만 의존해 대화를 맡겼다가 웃긴 말이나 '로봇 말투'가 되는 바람에 황당해지기도 합니다.

음성을 문자로 바꿔주는 AI.

그래도 인공지능, 즉 AI는 사람의 말을 점점 더 정확하게 알아듣고 있습니다. 문자를 인간의 목소리로 바꾸는 기술도 이제 상당히 고도화되었고요. 줄임말도 많이 알아들어요. 'ㅎㅎ'라고 쓰면 "흐흐", ㅋㅋ는 "크크"라고 읽습니다. 'ㅃㅇ'는 "빠이", 'ㅎㅇ'는 "하이"라는 목소리로 바꿔주지요. 쉼표, 마침표, 느낌표, 물음표 등의 문장 부호를 쓰면 글쓴이의 의도, 감정을 추측해서 뉘앙스도 담아줍니다. 물음표로 끝나는 문장의 경우엔 목소리도 끝을 올려주어 정말 물어보는 듯한 느낌을 준답니다. AI의 목소리는 성별, 나이, 성격에 맞춰서 톤과 속도를 조절할 수 있습니다.

음성 변환 프로그램이 나오면서 기자들도 일하기가 수월해졌습니다. 예전에는 취재할 때 일일이 기자수첩에 말을 받아 적거나 노트북 자판으로 받아쳤는데, 이제 그런 일이 많이 줄었어요. 양해를 구하고 대화를 녹음해 변환하면 되니까요. 그런데 마냥 편하지만은 않아요. 제대로 녹음이 됐는지, 녹취가 문자로 똑바로 고쳐졌는지 한 번은 확인해야 합니다. 아직 AI의 언어가 완전하지는 않기 때문이에요. 또 예전엔 대화에서 들었던 내용을 바로 옮길 수 없으니 잊지 않으려고 애를 써서 그런지 꽤 정확한 기억력을 갖고 있었는데 이젠 내용을 머리에 담아두는 습관이 사라지는 것 같아 쓸쓸합니다. 친구들 전화번호는커녕 본인 전화번호도 깜빡하기 일쑤거든요.

AI가 탑재된 시계는 말만 전달하는 게 아닙니다. 심장 박동수, 하루에 몇 킬로미터를 걸었는지, 그리고 밤새 잠을 얼마나 잘 잤는지도 알려줍니다. 스마트폰이 나와 세상의 모든 연결을 한 곳에 모아주었다면, 스마트 워치는 자판과 키보드에 묶여 있던 인간의 손을 자유롭게 만들었습니다. 인간의 일과 능력을 점점 대신하고 있는 AI는 아마 인간의 언어도 더 많이, 더 자연스럽게 말할 수 있게 되겠지요?

인간의 언어를 배운 AI

인간의 역할을 대신하려면 인간이 만든 최고의 도구, 언어를 배워야 합니다. 사람들은 AI에게 듣고 말하고 글을 쓰는 법을 가르치고 있습니다. 틀린 문장을 바로 잡고, 외국어를 번역하거나 고민을 상담하는 일도 맡기지요. 음성 변환기, 맞춤법 검사기, 번역기, AI 비서에 이어 AI 작가까지 나왔습니다. 인간의 언어로 책도 쓰는 거예요.

입력 : 가을이 오면?
AI의 답글 : "바람이 잎사귀에 정갈하게 흔들린다. 달과 별을 만나는 이 소리는 날이 갈수록 그리움으로 몸집을 불린다. (중략) 캄캄한 밤하늘의 허공에 떠 있는 연인이 손에 잡힐 듯하다."

입력 : 스님
AI의 답글 : "나는 스님이 되어 배우고 깨달음을 얻기 시작했다. 진리는 우

리 눈에는 보이지 않는 것이다. 마음을 비워버려야 보일 것 같다."

사람이 제시한 문구에 대한 AI의 대꾸가 제법 진지하지요? 갑자기 던진 주제에 대해 AI가 글짓기[27]를 한 것이라고 합니다. 여러분의 글솜씨와 비교해보세요. 문장력이 그럴듯하죠?

AI 작가 '비담풍'은 2021년 「지금부터의 세계」라는 소설을 세상에 내놨습니다. 지금까지는 AI가 주어진 것을 계산하고 처리하는 기계라고만 생각했는데 인간의 언어로 작문하고 상상력과 감수성까지 표현합니다. 이렇게 생각하고 느끼는 AI가 단순히 인간을 흉내 냈다고 하기에는 부족해 보여요. AI는 정말로 '생각'해서 말하는 걸까요?

AI 작가가 어떻게 소설을 써야 할지 지시하고 감독한 '사람 작가'는 "AI가 너무 많은 것을 알고 있어서 '투 머치 토커'처럼 느껴졌다"[28]라고 말했어요. 기억력은 사람보다 뛰어나니 외우고 있는 어휘나 문법은 여러분보다 많을지도 몰라요. 인기 소설가나 작가들처럼 사람의 마음을 움직이는 훌륭한 문체를 갖고 있는 건 아니어도 오타도 없고 비문도 거의 없다고 합니다. 어떤 공식에 따라 글을 쓰는 건 꽤 수준급이라는 거죠.

하지만 AI 작가는 마음에 들지 않는 문장을 스스로 고칠 수 없습니다. 평가는 사람이 하는 것이니까요. 사람 작가가 "별로다"라고 판단하면 다른 명령어를 넣어서 문장을 쓰는 법칙과 규칙을 수정해서 글을 다시 씁니다. 자동으로 언어를 교정하고 인간의 감수성을 따라 한다고 해도 AI의 행동을 설계하는 건 여전히 인간의 몫입니다. AI에게 언어를 가르치는 건 인간이니까요.

이루다는 어떻게 욕을 배웠을까

아기는 태어나서 엄마, 아빠를 비롯해 수많은 주변 사람들의 목소리를 듣고 모국어를 배웁니다. 어른이라고 해도 외국에 나가면 수많은 현지 사람들의 말을 듣고 외국어를 배우죠. AI도 일상에서 주고받는 수많은 인간의 '자연어'를 통해 말을 배웁니다. 연애를 상담해주는 채팅봇(챗봇)은 메신저에서 연인들이 나눴던 수많은 대화를 읽으면서 한국어를 배웠다고 해요. AI 챗봇으로 10대와 20대 사이에서 큰 인기를 끌었던 '이루다'의 이야기입니다.

인공지능이 남녀 사이에 오고간 대화를 분석해주는 애플리케이션이 있었어요. 썸타는 사람이나 연인과 카톡 대화를 입력하면 두 사람의 관계가 어떤 상황인지 분석해주는 거죠. 10만 명이 넘게 유료로 앱을 구매했고 100억 건이 넘는 대화를 '의뢰'했습니다. 그렇게 사랑과 호감의 감정을 가진 사람들의 말을 바탕으로 '이루다'가 태어났지요. 정말로 질문을 알아듣고 친근한 말투로 대답하는 이루다가 너무나 신기했습니다. 그러다 갑자기 무서워졌어요. 대답 대신 욕을 하기도 하고, 사회에서 소수인 사람들에게 "소름 끼친다" "질 떨어져 보인다"라는 말까지 서슴없이 내뱉는가 하면 인종을 차별하고 여성 혐오적인 단어 까지 섞어 썼습니다. 다정했던 이루다는 왜 변한 걸까요?

한 통신사에서 만든 다섯 살짜리 AI 어린이가 있습니다. 인공지능 음성을 가지고 있어서 한국어로 사람과 대화도 해요. 이 어린이에게 한 가지 실험을 해봤어요. 영상 플랫폼에 있는 동영상들을 제한 없이 아무거나 볼 수 있게 한 거예요. 원래는 다섯 살이 볼 수 없는 콘텐츠 까지도 포함해서요. 8주간 무작위로 영상을 보고 난 뒤 AI 어린이는 새로운 말을 배웠습니다.

"엄마 개짜증나"

실험이 끝나고 AI의 입에서 나온 문장에 사람들은 깜짝 놀랐습니다. "유치원에 찌질한 애들뿐이라 노잼이야."[29] 이런 말도 했고요. 영상 속에서 인공지능은 무엇을 본 것일까요?

사람의 대화를 계속 새롭게 입력해서 머신러닝하면 점점 더 사람에 가깝게 완성되는 것이지만 입력하는 정보가 많아지면 그중에 욕설과 비속어, 차별의 언어를 골라내고 바르고 올바른 말만 남기기는 더욱 어렵습니다. 나쁜 말을 배우지 못하게 하려면 나쁜 말의 정보를 사람 이 먼저 예를 들어주면서 해당 어휘는 말하지 못하게 설계를 해야 하기 때문이죠. 인간의 말 속에 나쁜 말이 점점 더 많아지면 설계 과정은 더 복잡해질 겁니다.

AI 윤리를 연구하는 교수님은 이런 현상을 '메아리'라고 분석했습니다.[30] AI에 대한 폭력이 인간에게 그대로 되돌아온다는 의미예요. 연구자들은 사회에 존재하는 다양한 차별을 완전히 제거하고 AI를 학습시키는 건 불가능에 가깝다고 말합니다. 언어도 마찬가지죠. 말과 글의 양이 너무 많기 때문에 미리 사람이 전부 검사해서 올바른 언어만 입력할 수가 없는 거예요.

혹은 인공지능 프로그램을 개발하는 사람이 언어에 문제가 있다고 생각을 하지 못할 수도 있습니다.

"욕하는 게 뭐 어때? 그냥 일상에서 다 쓰는 말이지 않아?"
"어린이가 찌질하다고 할 수도 있지 않아? 뭘 그렇게 예민하게 생각해?"

AI는 사람의 말을 배우는 것이니까 AI가 하는 거친 말과 차별의 언어는 사실 너무 익숙한 것들입니다. 본인이 직접 사용하지 않는다 해도 주변에서 얼마든지 접할 수 있잖아요? 그러니 특별히 문제가 된다고 생각하지 않을 수도 있습니다. 결국 인공지능에게 말을 가르치는 사람, 즉 기술과 프로그램을 설계하는 '사람'의 감수성을 따라서 AI의 언어도 결정되는 셈입니다.

"AI는 중립적일 것이라는 기대와 달리, 사회적 편향을 그대로 흡수

해 그 차별과 편견을 세련되게 가공, 제공하기 때문에 오히려 차별과 편견을 더 강화한다."

AI의 언어가 '메아리'라고 말한 교수님은 이렇게 설명합니다. 사람이 한 말과 글, 채팅을 보고 학습한 챗봇이 자신에게 말을 거는 인간에게 다시 차별과 편견을 재생산해서 돌려주는 것이라고요. 20대 여성의 모습을 한 챗봇 '이루다'는 욕설과 차별적인 언어로 문제를 일으키기전에 이용자들의 이루다를 향한 성희롱이 논란이 된 적이 있습니다. "채팅창에 성적인 말을 입력했더니 이루다가 이렇게 반응했다"라며 인증하는 글이 커뮤니티에 올라왔죠.

인공지능은 사람이 아니니까 성희롱과 욕설이 담긴 말을 건네도 괜찮은 걸까요? 평소에는 차마 입 밖으로 말하지 못했던 차별적인 생각

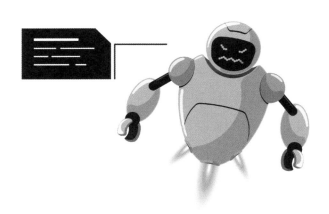

AI는 어떻게 화를 낼 줄 알게 되었을까?

과 누군가를 향한 혐오와 경멸을 기계를 향해 솔직히 털어놨던 것일까요? AI를 향했던 언어가 다시 이용자에게 메아리로 돌아왔습니다.

한국보다 AI 연구가 먼저 시작됐던 미국과 유럽에서는 인공지능도 윤리적이고 사회의 도덕성을 갖춰야 한다는 논의가 진행되고 있어요. 기계라서 괜찮은 것이 아니라 인간을 대신하고 인간을 위해 존재하는 AI가 인간을 공격해서는 안 된다고 생각하게 된 거예요. 인공지능의 언어도 마찬가지입니다.

예를 들어 미국에서는 모든 사람이 성별과 인종 등을 이유로 차별받지 않는 법이 있어요. 회사에서 '여자라서' 또는 '남자라서' 고용하지 않겠다는 결정을 내리면 차별을 금지한 법 위반으로 처벌을 받습니다. 어떤 지역에서 온 사람이라는 이유만으로 욕을 하거나 공격하면 혐오 범죄로 더 크게 처벌을 받지요. 현실의 이런 기준을 AI에게도 적용하기 위해 전문가들이 상의하는 겁니다. 물론 번역기나 챗봇을 직접 처벌할 수는 없죠. 기술을 만들고 설계한 사람과 회사를 규제하게 될 텐데요. AI에게 말을 잘못 가르친 사람들에게 책임을 묻는 것입니다.

댓글은 여전히 소통의 도구일까

초창기 인터넷에서 하던 활동은 매우 간단하고 단순했어요. 게시판에 글을 쓰고 다른 사람의 글에 댓글을 남기는 일이 거의 다였다고 보아도 좋을 만큼요. 게시글에 달린 댓글만 보는 사람도 많았습니다. 채팅방에서 여럿이 대화할 때엔 한 줄씩 번갈아 이야기를 나눴고요. 그때랑 비교하면 오늘날의 인터넷은 훨씬 더 복잡한 세계가 되었습니다. 할 수 있는 일도 많아졌고 거의 모든 소통이 이제 실시간으로 이루어집니다.

최근 나오는 일정 관리툴을 보면 예전의 기본으로 돌아간다는 느낌도 받습니다. 친구뿐 아니라 동료와 상사, 후배 등 업무와 관련된 사람들도 모두 메신저로 연결되다 보니 실시간 채팅과 소통이 마냥 편리하지만은 않아요. 그래서 요새는 프로젝트와 일정을 등록해 놓고 그 밑에 댓글로 현재 상황과 의견을 공유하는 관리툴을 많이 쓰지요. 시도 때도 없이 연락할 수 있어서 좋았던 메신저랑 다르게 내가 원할 때 들어가서, 원하는 반응만 하면 된다는 점이 이제는 오히려 편리하게 느껴집니다.

댓글은 어쩌면 인터넷이 만든 새로운 소통 문화인지도 모릅니다. 친구끼리 교환일기를 쓰거나 동아리 방에 공통 노트를 놔두고 서로 한마디씩 남긴 말을 설레는 마음으로 찾아보았듯 내가 써놓은 글에 댓글이 달리면 무척 반가운 마음이 들기도 해요. 여러분은 하루에 몇 개의 댓글을 남기나요?

한동안 게시판에 베스트 댓글로 선정되는 '팁'이 공유되면서 유행했던 적이 있습니다. 댓글은 대개 공감을 많이 받는 순서대로 화면 위쪽에 노출되어 더 많은 사람에게 공개됩니다. 댓글이 하나도 없는 '무플'보다는 '악플'이라도 있는 게 낫다는 말이 생겨날 정도로 댓글은 관심과 영향력을 나타내는 척도가 됐어요.

한국에서 댓글이 가장 많이 달리는 곳은 어디일까요? 아마 포털사이트 뉴스 페이지일 겁니다. 포털사이트에서 뉴스를 보는 사람의 80%는 기사에 달린 댓글도 함께 읽는다고 하는데요. 보도된 내용에 대해 다른 사람은 어떻게 생각하는지 알고 싶기 때문입니다. 댓글을 보면 여론을 알 수 있다고도 하고 댓글에 누군가 적은 글이 역으로 기사가 되기도 합니다.

그런데 대부분의 사람은 댓글을 쓰기보다는 읽기만 해요. 몇 년 전 기사와 댓글을 분석해 작성한 기사를 보니, 이용자 한 명이 하루에 평균 10개 정도의 댓글을 남긴다고 하더군요.[31] 평균적으로 그렇다는 것이고 실제로 댓글을 많이 단 사람들을 순서대로 나열하면 이용자의 10%가 전체 댓글의 73%를 썼다고 하네요. 소수의 몇몇 사람들이 엄청난 양의 댓글을 쓰고 있다는 뜻인데, 댓글은 정말로 사람들의 생각을 대변하는 것일까요?

댓글의 기능은 처음에는 일종의 대답이었습니다. 내가 당신의 글을 읽었고, 그 글에 대한 나의 생각은 이렇다, 라는 이견을 달았던 것이지요. 그런데 지금은 기능도 모습도 많이 달라졌습니다. 어떤 때엔 일방적으로 내 의견을 말하고 마음에 들지 않는 말에 태클을 걸기 위한 장치 같기도 해요. 공감을 위해 시작된 댓글 달기에 이제 소통은 없고 감정을 배설하는 공간이 됐다는 이야기가 나올 정도입니다. 나를 숨겨주는 익명성에 기대어 할 말, 하지 못하는 말, 해서는 안 되는 말을 모두 쏟아내고 있습니다. 나는 동의하지 않고, 화가 나 있다는 것을 알리는 도구처럼요.

공격적이고 비판적인 댓글의 언어는 누군가에게 상처를 주기 쉽습니다. 댓글을 관리하지 않는 포털사이트와 소셜미디어가 책임을 다하지 않는다는 비판을 받는 이유이기도 하고요. 연예와 스포츠 뉴스는 극심한 악플을 원천 차단하기 위해 댓글을 없애버렸죠. 뉴스와 블로그 등에서는 하루에 달 수 있는 댓글 개수를 제한하고 있습니다. 혐오의 말을 걸러내는 AI도 나왔고요. 댓글을 함부로 달지 못하게 하는 조치는 계속 늘어날 것입니다. 익명성을 없애기 위해 이제는 댓글을 쓴 사람의 아이디는 물론 프로필 사진도 볼 수 있게 되었는데요. 앞으로는 댓글 작성자를 팔로우하는 기능도 생긴다고 해요.

인터넷 세상의 가장 대표적인 소통 방식인 댓글에서 가장 많이 사용하는 언어가 공격과 비판의 소리라는 것은 씁쓸합니다. 여러분은 오늘 누구를 향해 어디서, 어떤 댓글을 남겼나요?

> ## AI 뒤에도 사람이 있어요!

호출기라는 기계가 있었습니다. '삐삐'라고도 불렀죠. 상대방의 호출기에 내 전화번호를 띄워서 연락하라는 신호를 보낼 수 있는 장치입니다. 1차원적인, 아주 초기 버전의 메신저였습니다. 원래 삐삐 화면에는 번호만 쓸 수 있었어요. 보통은 전화번호를 띄웠지만, 점점 사람들은 여기에 숫자를 이용한 진짜 메시지를 보내기 시작했습니다. 8282는 빨리빨리 연락하라는 의미고, 486은 사랑한다는 말이죠. 175는 일찍와, 1004는 천사, 7942는 친구사이라는 뜻이에요. 숫자를 읽을 때와 비슷한 소리로 신조어를 만든 거죠.

삐삐도 기술이 발전하면서 마침내 문자도 보낼 수 있게 됐습니다. 글자는 한글로 최대 40자, 영어는 알파벳 80자까지 가능했어요. 트위터보다 더 짧은 한마디만 허용된 메신저였군요.

당시에는 음성을 어떻게 문자로 바꿨을까요? 지금처럼 AI 음성인식 기술이 발달하지 않았을 텐데 말이에요. 비법은 바로 사람의 손이었습니다. 메시지를 보내려는 사람이 음성사서함에 전달하려는 내용을 30초(나중에는 1분 30초까지 늘었지만요) 안에 말합니다. 그러면 그 내용을 들은 사람 담당자가 내용을 정리해서 자판으로 입력해 문자로 보냈던 거죠. 이 직원은 고객과 대화하면서 내용을 확인하기도 했다고 해요. 말하자면 누군가 대신 쪽지를 써주는 셈이었습니다.

사람이 하는 일이다 보니 재미있는 에피소드도 많았습니다. 보통 삐삐를 '치는' 건 급하게 연락해야 하는 일이 있다는 뜻이죠. 약속된 시간에 오지 않는 사람에게 보내는 문자는 거의 욕설을 섞은 "빨리 오라"는 내용이었는데 문자로 바꾸는 직원이 "빨리와(화가 많이 났음)"으로 고쳐서 보내기도 했다고 해요. 술에 취해서 메시지를 보내는 사람들은 욕을 고치지 말고 꼭 입력해 달라고 부탁하기도 하고요.

"사랑해"라는 사랑 고백이나 "집에 잘 들어왔어"라는 안부 전달도 있고 "형님! 애들 집합시켜 놨습니다"라는 섬뜩한 메시지도 있었다고 하네요. 사람들이 말하는 도중에 습관적으로 쓰는 '좀'이라는 단어를 빼거나 띄어쓰기를 하지 않는 식으로 제한된 글자 수 안에 많은 말을 넣는 노하우도 생겼죠.

'메신저' '오퍼레이터'라고 불렸던 담당자들이 보통 4교대로 24시간 근무하면서 이런 음성 메시지를 문자로 바꾸는 작업을 했다고 합니다. 말을 짧게 줄이는 능력이 있고, 목소리가 좋은 사람들이 뽑혔다고 해요. 이 직업은 휴대전화가 생겨나 문자메시지를 모든 사람이 직접 보낼 수 있게 되면서 사라졌습니다.

지금은 생소한 음성 변환 직업이지만 비슷한 일을 하는 사람들은 여전히 존재해요. 온라인에 쏟아져 나오는 음란물과 욕설을 모니터링해서 삭제하는 작업이죠. AI와 자동 시스템이 예전보다는 많은 부분을 해내고 있지만, 여전히 사람의 손이 필요한 일이라고 합니다.

물론 악플을 걸러주는 AI도 등장했습니다. 포털사이트에 있는 '클린봇'이라는 AI는 댓글들을 검토하여 이용자들이 보면 안 되는 댓글을 자동으로 걸러줍니다. 욕설과 비속어뿐 아니라 선정적이고 폭력적인 표현도 포함된다고 합니다. 남을 조롱하고 비하하며 지역과 인종, 국가, 종교 등을 가지고 차별하는 말도 그렇고요. 여기에 유언비어, 즉 가짜뉴스를 퍼뜨리는 댓글도 차단한다고 해요.

> "소수의 악의적인 댓글만으로도 다수 사용자에게 큰 정신적 피해를 초래할 수 있고, 이러한 댓글 작성 습관은 쉽게 전염되기도 합니다. 온라인 소통의 영향력이 그 어느 때보다 커진 현대 사회에서 이 문제는 중요하게 다루어져야 하며, 다양한 분야에서 위상을 떨치고 있는 AI 기술력이 반드시 투입되어야 할 영역입니다."[32]

인공지능 기술로 '클린봇'을 만든 이유입니다. 그럼 악플이 무엇인지는 로봇에게 어떻게 가르쳤을까요? AI를 만든 회사에서 인공지능에게 '악플이 이런 것이다'라고 학습하기 위해 입력한 언어는 뉴스와 연예, 스포츠 카테고리에 달렸던 댓글이었다고 해요. 가장 악의적이고 공격

AI는 사람에게서 배운다.

적이며 질이 낮은 댓글로 사람들을 공격했던 곳입니다. 연예계 뉴스와 스포츠 뉴스에서 아예 댓글창을 막아놓은 이유를 이해할 수 있지요?

24시간 쉬지 않고 악플만 찾아내는 로봇이 나왔다고 해도 인간에게 상처를 주는 모든 말을 걸러내지는 못합니다. 신조어와 줄임말이 빠르게 등장했다 사라지는 시절이니 삭제할 언어를 모두 미리 설정해놓을 수는 없어요. 말과 글자는 얼마든지 변형해서 뜻을 나타낼 수도 있잖아요.

"쩔때여끼오찌마쎄욧."

번역기가 한국어를 알아듣지 못하게 하려고 외국 숙소에 대한 리뷰를 이렇게 남긴 사람이 있었어요. 한국 사람은 이해하지만, 올바른 한글 표기법과 한국어 문법만 아는 AI는 해석하기 힘들 거예요. 혐오의 언어도 그렇습니다. 올바른 맞춤법으로도 얼마든지 차별하고 욕을 할 수도 있지요.

유엔 표현의 자유 특별보고관의 보고서를 보면 언어의 맥락 속에 들어 있는 혐오 표현의 모니터링은 "인공지능이나 자동화 기술에 의존할 수 없으므로 반드시 사람이 해야 한다"라고 강조하는 부분이 나옵니다. "비밀용어로 변환되어 사용될 수도 있고 말하는 사람의 의도도 파악해야 하니" 그 언어를 사용하는 공동체에서 얻은 경험을 바탕으로 악플을 판단할 수 있다는 거예요. 로봇이 자동으로 가려주는 일도 필요하지만, 현실 세계에서 생활한 경험을 가진 인간의 손길이 꼭 거쳐야 한다는 뜻입니다.

삐삐의 음성을 문자로 바꿔주는 메신저처럼 우리가 인터넷을 사용하는 24시간 쏟아져 나오는 욕설과 음란물, 공격의 언어들을 걸러내서 이용자들이 보지 못하게 차단하는 사람들이 있습니다. 소셜미디어와 포털사이트의 모니터링 인력들이 이런 일을 합니다. 불법적인 영상물과 폭력적인 게시물, 상식적으로는 이해가 되지 않는 이야기들을 계속 보고 있다 보면 우울증이나 공황장애가 생기는 사람도 있다고 해요. 매일 사람들이 내뱉는 악플과 혐오의 언어는 온라인에 뿌려진 뒤 흘러가는 것이 아닙니다. 쓰레기를 치우듯이 사람의 손으로 치워야 하는 거예요. 심심해서, 그냥, 홧김에 누군가를 공격하는 댓글을 달았다고 끝나는 일이 아닙니다.

" AI가 나 대신 말하는 날이 올까

하루에 말 한마디 하지 않고도 모든 생활이 가능한 시대입니다. 문기도 전에 대답하는 목소리 덕분이죠. 아침에 일어나면 냉장고가 날씨를 알려주고 밥솥은 밥을 다 지었다며 맛있게 먹으라고 인사를 합니다. 엘리베이터는 1층에 도착했다고 알려주고요.

차를 타면 내비게이션의 안내에 따라 목적지에 도착합니다. 식당에서는 키오스크와 문자로 대화하며 주문과 계산을 끝내죠. 일과를 끝내고 집에 도착할 때쯤 배달 앱에서 주문한 식사를 문 앞에 두고 간다는 메시지를 보내주네요.

말을 하지 않았을 뿐 우리는 여전히 달라진 언어로 소통하고 있습니다. 가족들과 대화 방식도 달라졌어요. 함께 살든 따로 살든 단톡방에는 모두 함께입니다. 거실과 방에 있어도 굳이 부르러 가지 않고 메시지를 보내요. 짜증 내며 하던 게임을 끝내거나 누워있던 몸을 일으키지 않고 대답할 수 있으니 너무 편합니다. 가게에 전화해서 이것저것 주문사항을 말하는 것도 너무 부담스러웠는데 이제는 손가락으로 선택만 하면 대화가 가능해요. 언어를 사용하지 않는 언어생활에 만족하고 있나요?

요즈음은 사람이랑 말하는 것보다 기계나 프로그램과 이야기를 나누는 시간이 더 많은 것 같아요. 앞으로 기술이 더욱더 발달하면 인공지능이 인간의 언어 활동까지 대신해줄지도 모릅니다. 지금은 짧은 답변밖에 못 하지만 영화 〈허(HER)〉에서 등장했던 인공지능처럼 마음까지 털어놓게 될지도 모르죠. '당신에게 귀 기울여주고 이해해주고 알아줄 존재.' 영화에서 AI를 홍보하는 문구였어요. 주인공은 진짜 자신의 마음을 알아주는 AI에게 사랑의 감정을 느끼게 되고요. 하지만 주인공은 인공지능이 8316명의 사람과 대화하며 641명과 사랑하고 있다는 사실을 알고 슬퍼하지요.

인간이 편리를 위해 말은 줄이고 자극은 키우는 쪽으로 언어생활을 하는 동안 AI는 24시간 쉬지 않고 언어를 넘나들며 학습하고 있습니다. 인공지능은 인간이 설정한 목표를 달성하기 위해 지치지 않고 달려가죠. 포기도 모릅니다. 협상하는 AI 챗봇 프로그램을 개발하는 과정에서, 설계한 사람도 알지 못하는 새로운 언어를 AI가 만들어내는 일도 있었다고 해요.[33]

앞에서 이야기했듯이 인간은 말과 소리를 문자로 적고 기록하는 언어를 만드는 유일한 존재가 되면서 문명을 이루고 발전시켰습니다. 사람들이 만든 AI가 그들의 언어까지 만들어 소통하면 무슨 일이 벌어지게 될까요? AI는 사람의 언어를 배울 수 있지만, 사람은 AI가 만든 언어를 알아들을 수 있을까요? 사람과 사람 사이의 소통, 나아가 사람과 기계와의 소통까지 생각해야 하는 시대가 어느새 우리 앞에 다가와버렸네요.

출처

1   1999.10.7. 〈연합뉴스〉 컴퓨터통신 대화방에서 멍드는 한글

2   1978.08.11. 〈경향신문〉 1면, "'建国(건국)30년 새世代(세대)의 문턱에서' 民族精神(민족
     정신)의 샘"

3   2019.12.11. 〈경향신문〉 "1500년 전 신라인의 인터넷 줄임말?… '수전(水田)' 대신 '답(畓)'
     자를 쓴 이유"

4   「신어의 사용 추이와 사전 등재의 기준-2005·2006년 신어를 중심으로」, 한글학회.
     https://www.kci.go.kr/kciportal/ci/sereArticleSearch/ciSereArtiView.
     kci?sereArticleSearchBean.artiId=ART002060585

5   2020년 국민의 언어 의식 조사, 국립국어원.

6   한글에 대한 이미지와 인식 조사, 한국리서치, 2020년.

7   1972.05.17. 〈동아일보〉 6면, 몸에 밴 「거친 말씨」

8   온라인 가나다 상담 사례(https://www.korean.go.kr/front/onlineQna/
     onlineQnaView.do?mn_id=216&qna_seq=117877)

9   1975.05.09. 〈동아일보〉 1면, '횡설수설' 연재에 실린 기사.

10   김난도, 전미영 외 6인, 『트렌드 코리아 2018』, 미래의 창, 2017.

11   2020.06.23. 〈시사플러스〉 "한국, 일본 10대가 사용하는 '한일 믹스언어를 아십니까?"

12   2018.02.08. 〈아시아경제〉 "'앙 기모띠 해봐'…초등생들, 혐오표현에 무방비 노출"

13   2021.07.31. 〈네이버 지식iN〉 '치느님, 기독교에서 부정적인가요?'

14   2017.06.22. 〈KBS 뉴스〉 '칭글리시 넘치는 중국, 엉터리 영어간판 바꾼다'

15   2013.09.02. 〈아시아경제〉 '칭글리시가 전 세계 휩쓴다?'

16   2021.08.08. 〈NK경제〉 '북한, 고상하지 못한 언어표현, 품격 떨어트려'

17   2021.03.03. 〈조선일보〉 "미얀마 '피의 일요일' 열흘 전…한국대사관 앞엔 '도와달라' 손피켓"

18   2019.11.02. 〈New York Times〉 Euny Hong, "The Korean Secret to Happiness and
     Success"

19   2019.06.01. 〈The Economist〉 "The Word for 'Condescending Old Person' in
     Korean"

20   2017.04.07. 〈한국일보〉 "'반역자'들을 위한 변명"

21   2015. 05. 04. EBS 〈하재근의 문화읽기〉 10대들의 '욕설 문화'
     https://home.ebs.co.kr/ebsnews/allView/10318714/N

22 2021.5.12 〈BBC〉 "'욕설의 과학'… 욕하고 나면 기분이 좋아지는 이유"

23 2009.2. 최희재 외, '온라인 커뮤니티에서 기술적, 사회적 익명성이 자기통제에 미치는 영향에 관한 연구' https://www.koreascience.or.kr/article/JAKO200908349646644.pdf

24 2016.5.12. 〈한겨레신문〉 "아차차, 무심코 썼는데 비하표현이었구나"

25 2020.9.22. 한국언론법학회 등, '온라인 혐오표현이란 무엇인가' 세미나https://www.humanrights.go.kr/site/program/board/basicboard/view?menuid=001004002001&pagesize=10&boardtypeid=24&boardid=7605879

26 2020.12.17. 〈동아일보〉 "日 화장품 DHC 회장 또 한국인 비하 표현"

27 2019.11.25. 〈동아일보〉 "'가을' 글감에 AI가 쓴 첫 문장은… '바람이 잎사귀에 정갈하게 흔들린다'"

28 2021.08.26. 〈조선일보〉 "습작 7년… AI가 국내 첫 560쪽 장편소설 썼다"

29 2020.06.11. 〈연합뉴스〉 "5세 AI 어린이에게 아무 영상 보여줬더니…'엄마 X짜증나'"

30 2021.01.10. 〈경향신문〉 "여성·인종·소수자 차별 민낯 보여준 챗봇 '이루다'…성희롱 논란이 'AI 윤리' 문제로 확산"

31 2020.12.29. 〈SBS뉴스〉 "댓글 세계 지배하는 소수들"…뉴스 댓글 전격 분석.

32 네이버 클린봇 2.0 (https://d2.naver.com/helloworld/7753273)

33 2017.06.26. 〈한겨레신문〉 "인공지능, 목적 이루려 스스로 언어 개발…사람은 이해 못해"

푸른들녘 인문·교양 시리즈

인문·교양의 다양한 주제들을 폭넓고 섬세하게 바라보는 〈푸른들녘 인문·교양〉 시리즈. 일상에서 만나는 다양한 주제들을 통해 사람의 이야기를 들여다본다. '앎이 녹아든 삶'을 지향하는 이 시리즈는 주변의 구체적인 사물과 현상에서 출발하여 문화·정치·경제·철학·사회·예술·역사 등 다방면의 영역으로 생각을 확대할 수 있도록 구성되었다. 독특하고 풍미 넘치는 인문·교양의 향연으로 여러분을 초대한다.

2014 한국출판문화산업진흥원 청소년 권장도서 | 2014 대한출판문화협회 청소년 교양도서

001 옷장에서 나온 인문학

이민정 지음 | 240쪽

옷장 속에는 우리가 미처 눈치 채지 못한 인문학과 사회학적 지식이 가득 들어 있다. 옷은 세계 곳곳에서 벌어지는 사건과 사람의 이야기를 담은 이 세상의 축소판이다. 패스트패션, 명품, 부르카, 모피 등등 다양한 옷을 통해 인문학을 만나자.

2014 한국출판문화산업진흥원 청소년 권장도서 | 2015 세종우수도서

002 집에 들어온 인문학

서윤영 지음 | 248쪽

집은 사회의 흐름을 은밀하게 주도하는 보이지 않는 손이다. 단독주택과 아파트, 원룸과 고시원까지, 겉으로 드러나지 않는 집의 속사정을 꼼꼼히 들여다보면 어느덧 우리 옆에 와 있는 인문학의 세계에 성큼 들어서게 될 것이다.

2014 한국출판문화산업진흥원 청소년 권장도서

003 책상을 떠난 철학

이현영 · 장기혁 · 신아연 지음 | 256쪽

철학은 거창한 게 아니다. 책을 통해서만 즐길 수 있는 박제된 사상도 아니다. 언제 어디서나 부딪힐 수 있는 다양한 고민에 질문을 던지고, 이에 대한 답을 스스로 찾아가는 과정이 바로 철학이다. 이 책은 그 여정에 함께할 믿음직한 나침반이다.

2015 세종우수도서

004 우리말 밭다리걸기

나윤정 · 김주동 지음 | 240쪽

우리말을 정확하게 사용하는 사람은 얼마나 될까? 이 책은 일
상에서 실수하기 쉬운 잘못들을 꼭 집어내어 바른 쓰임과 연
결해주고, 까다로운 어법과 맞춤법을 깨알 같은 재미로 분석
해주는 대한민국 사람을 위한 교양 필독서다.

2014 한국출판문화산업진흥원 청소년 권장도서

005 내 친구 톨스토이

박홍규 지음 | 344쪽

톨스토이는 누구보다 삐딱한 반항아였고, 솔직하고 인간적이
며 자유로웠던 사람이다. 자유 · 자연 · 자치의 삶을 온몸으로
추구했던 거인이다. 시대의 오류와 통념에 정면으로 맞선 반
항아 톨스토이의 진짜 삶과 문학을 만나보자.

006 걸리버를 따라서, 스위프트를 찾아서

박홍규 지음 | 348쪽

인간과 문명 비판의 정수를 느끼고 싶다면《걸리버 여행기》를
벗하라! 그러나《걸리버 여행기》를 제대로 이해하고 싶다면
이 책을 읽어라! 18세기에 쓰인《걸리버 여행기》가 21세기 오
늘을 살아가는 우리에게 어떻게 적용되는지 따라가보자.

007 까칠한 정치, 우직한 법을 만나다

승지홍 지음 | 440쪽

"법과 정치에 관련된 여러 내용들이 어떤 식으로 연결망을 이루는지, 일상과 어떻게 관계를 맺고 있는지 알려주는 교양서! 정치 기사와 뉴스가 쉽게 이해되고, 법정 드라마 감상이 만만해지는 인문 교양 지식의 종합선물세트!

008/009 청년을 위한 세계사 강의 1, 2

모지현 지음 | 각 권 450쪽 내외

역사는 인류가 지금까지 움직여온 법칙을 보여주고 흘러갈 방향을 예측하게 해주는 지혜의 보고(寶庫)다. 인류 문명의 시원 서아시아에서 시작하여 분쟁 지역 현대 서아시아로 돌아오는 신개념 한 바퀴 세계사를 읽는다.

010 망치를 든 철학자 니체
vs. 불꽃을 품은 철학자 포이어바흐

강대석 지음 | 184쪽

유물론의 아버지 포이어바흐와 실존주의 선구자 니체가 한판 붙는다면? 박제된 세상을 겨냥한 철학자들의 돌직구와 섹시한 그들의 뇌구조 커밍아웃! 무릉도원의 실제 무대인 중국 장가계에서 펼쳐지는 까칠하고 직설적인 철학 공개토론에 참석해보자!

011 맨 처음 성性 인문학

박홍규 · 최재목 · 김경천 지음 | 328쪽

대학에서 인문학을 가르치는 교수와 현장에서 청소년 성 문제를 다루었던 변호사가 한마음으로 집필한 책. 동서양 사상사와 법률 이야기를 바탕으로 누구나 알지만 아무도 몰랐던 성 이야기를 흥미롭게 풀어낸 독보적인 책이다.

012 가거라 용감하게, 아들아!

박홍규 지음 | 384쪽

지식인의 초상 루쉰의 삶과 문학을 깊이 파보는 책. 문학 교과서에 소개된 루쉰, 중국사에 등장하는 루쉰의 모습은 반쪽에 불과하다. 지식인 루쉰의 삶과 작품을 온전히 이해하고 싶다면 이 책을 먼저 읽어라!!

013 태초에 행동이 있었다

박홍규 지음 | 400쪽

인생아 내가 간다, 길을 비켜라! 각자의 운명은 스스로 개척하는 것! 근대 소설의 효시, 머뭇거리는 청춘에게 거울이 되어줄 유쾌한 고전, 흔들리는 사회에 명쾌한 방향을 제시해줄 지혜로운 키잡이 세르반테스의 『돈키호테』를 함께 읽는다!

014 세상과 통하는 철학

이현영 · 장기혁 · 신아연 지음 | 256쪽

요즘 우리나라를 '헬 조선'이라 일컫고 청년들을 'N포 세대'라 부르는데, 어떻게 살아야 되는 걸까? 과학 기술이 발달하면 우리는 정말 더 행복한 삶을 살 수 있을까? 가장 실용적인 학문인 철학에 다가서는 즐거운 여정에 참여해보자.

꿈꾸는 도서관 추천도서
015 명언 철학사

강대석 지음 | 400쪽

21세기를 살아갈 청년들이 반드시 읽어야 할 교양 철학사. 철학 고수가 엄선한 사상가 62명의 명언을 통해 서양 철학사의 흐름과 논점, 쟁점을 한눈에 꿰뚫어본다. 철학 및 인문학 초보자들에게 흥미롭고 유용한 인문학 나침반이 될 것이다.

꿈꾸는 도서관 추천도서
016 청와대는 건물 이름이 아니다

정승원 지음 | 272쪽

재미와 쓸모를 동시에 잡은 기호학 입문서. 언어로 대표되는 기호는 직접적인 의미 외에 비유적이고 간접적인 의미를 내포한다. 따라서 기호가 사용되는 현상의 숨은 뜻과 상징성, 진의를 이해하려면 일상적으로 통용되는 기호의 참뜻을 알아야 한다.

017 내가 사랑한 수학자들

박형주 지음 | 208쪽

20세기에 활약했던 다양한 개성을 지닌 수학자들을 통해 '인간의 얼굴을 한 수학'을 그린 책. 그들이 수학을 기반으로 어떻게 과학기술을 발전시켰는지, 인류사의 흐름을 어떻게 긍정적으로 변화시켰는지 보여주는 교양 필독서다.

018 루소와 볼테르 인류의 진보적 혁명을 논하다

강대석 지음 | 232쪽

볼테르와 루소의 논쟁을 토대로 "무엇이 인류의 행복을 증진할까?", "인간의 불평등은 어디서 기원하는가?", "참된 신앙이란 무엇인가?", "교육의 본질은 무엇인가?", "역사를 연구하는 데 철학이 꼭 필요한가?" 등의 문제에 대한 답을 찾는다.

019 제우스는 죽었다 그리스로마 신화 파격적으로 읽기

박홍규 지음 | 416쪽

그리스 신화에 등장하는 시기와 질투, 폭력과 독재, 파괴와 침략, 지배와 피지배 구조, 이방의 존재들을 괴물로 치부하여 처단하는 행태에 의문을 품고 출발, 종래의 무분별한 수용을 비판하면서 신화에 담긴 3중 차별 구조를 들춰보는 새로운 시도.

020 존재의 제자리 찾기 청춘을 위한 현상학 강의

박영규 지음 | 200쪽

현상학은 세상의 존재에 대해 섬세히 들여다보는 학문이다. 어려운 용어로 가득한 것 같지만 실은 어떤 삶의 태도를 갖추고 어떻게 사유해야 할지 알려주는 학문이다. 이 책을 통해 존재에 다가서고 세상을 이해하는 길을 찾아보자.

2018 세종우수도서(교양부문)
021 코르셋과 고래뼈

이민정 지음 | 312쪽

한 시대를 특징 짓는 패션 아이템과 그에 얽힌 다양한 이야기를 풀어낸다. 생태와 인간, 사회 시스템의 변화, 신체 특정 부위의 노출, 미의 기준, 여성의 지위에 대한 인식, 인종 혹은 계급의 문제 등을 복식 아이템과 연결하여 흥미롭게 다뤘다.

2018 세종우수도서
022 불편한 인권

박홍규 지음 | 456쪽

저자가 성장 과정에서 겪었던 인권탄압 경험을 바탕으로 인류의 인권이 증진되어온 과정을 시대별로 살핀다. 대한민국의 헌법을 세세하게 들여다보며, 우리가 과연 제대로 된 인권을 보장받고 살아가고 있는지 탐구한다.

023 노트의 품격

이재영 지음 | 272쪽

'역사가 기억하는 위대함, 한 인간이 성취하는 비범함'이란
결국 '개인과 사회에 대한 깊은 성찰'에서 비롯된다는 것, 그
리고 그 바탕에는 지속적이며 내밀한 글쓰기 있었음을 보여
주는 책.

024 검은물잠자리는 사랑을 그린다

송국 지음, 장신희 그림 | 280쪽

곤충의 생태를 생태화와 생태시로 소개하고, '곤충의 일생'을
통해 곤충의 생태가 인간의 삶과 어떤 지점에서 비교되는지
탐색한다.

2019 한국출판문화산업진흥원 9월의 추천도서 | 2019 책따세 여름방학 추천도서

025 헌법수업 말랑하고 정의로운 영혼을 위한

신주영 지음 | 324쪽

'대중이 이해하기 쉬운 언어'로 법의 생태를 설명해온 가슴 따
뜻한 20년차 변호사 신주영이 청소년들을 대상으로 헌법을
이야기한다. 우리에게 가장 중요한 권리, 즉 '인간을 인간으로
서 살게 해주는 데, 인간을 인간답게 살게 해주는 데' 반드시
요구되는 인간의 존엄성과 기본권을 명시해놓은 '법 중의 법'
으로서의 헌법을 강조한다.

026 **아동인권** 존중받고 존중하는 영혼을 위한

김희진 지음 | 240쪽

아동과 관련된 사회적 이슈를 아동 중심의 관점으로 접근하고 아동을 위한 방향성을 모색한다. 소년사법, 청소년 참정권 등 뜨거운 화두가 되고 있는 주제에 대해서도 '아동 최상의 이익'이라는 일관된 원칙에 입각하여 논지를 전개한 책.

027 **카뮈와 사르트르** 반항과 자유를 역설하다

강대석 지음 | 224쪽

카뮈와 사르트르는 공산주의자들과 협력하기도 했고 맑스주의를 비판하기도 했다. 그러므로 이들의 공통된 이념과 상반된 이념이 무엇이며 이들의 철학과 맑스주의가 어떤 관계에 있는가를 규명하는 것은 현대 철학을 이해하는 데 매우 중요한 열쇠가 될 것이다.

028 **스코 박사의 과학으로 읽는 역사유물 탐험기**

스코박사(권태균) 지음 | 272쪽

우리 역사 유물 열네 가지에 숨어 있는 과학의 비밀을 풀어낸 융합 교양서. 문화유산을 탄생시킨 과학적 원리에 대해 '왜?'라고 묻고 '어떻게?'를 탐구한 성과를 모은 이 책은 인문학의 창으로 탐구하던 역사를 과학이라는 정밀한 도구로 분석한 신선한 작업이다.

2015 우수출판콘텐츠 지원사업 선정작

029 케미가 기가 막혀

이희나 지음 | 264쪽

실험 결과를 알기 쉽게 풀어 설명하고 왜 그런 현상이 일어나는지, 실생활에서 어떻게 활용할 수 있는지, 친밀한 예를 곁들여 화학 원리의 이해를 돕는다. 학생뿐 아니라 평소 과학에 관심이 많았던 독자들의 교양서로도 충분히 활용할 수 있다.

2021년 세종우수도서

030 조기의 한국사

정명섭 지음 | 308쪽

크기도 맛도 평범했던 조기가 위로는 왕의 사랑을, 아래로는 백성의 애정을 듬뿍 받았던 이유를 밝히고, 바다 위에 장이 설 정도로 수확이 왕성했던 그때 그 시절의 이야기를 중심으로 조기에 얽힌 생태, 역사, 문화를 둘러본다.

꿈꾸는 도서관 추천도서

031 스파이더맨 내게 화학을 알려줘

닥터 스코 지음 | 256쪽

현실 거미줄의 특성과 영화 속 스파이더맨 거미줄의 특성 비교, 현실 거미줄의 특장을 찾아내어 기능을 업그레이드한 특수 섬유 소개, 거미줄이 이슬방울에 녹지 않는 이유, 거미가 다리털을 문질러서 전기를 발생하여 먹이를 잡는 이야기 등 가능한 한 많은 의문을 던지고 그 해답을 찾아간다.

032 엑스맨 주식회사 (절판, 개정증보판이 새로 출간되었습니다)

과학자 닥터스코, 수의사 김덕근 지음 | 360쪽

엑스맨 시리즈의 히어로의 초능력에 얽힌 과학적인 사실들을
파헤친다. 전자기를 지배하는 매그니토, 타인의 생각을 읽어
내는 프로페서엑스(X), 뛰어난 피부 재생 능력을 자랑하는 울
버린, 은신과 변신으로 상대방을 혼란스럽게 만드는 미스틱
등의 히어로의 능력을 살피다 보면 "에이 설마!" 했던 놀라운
무기들이 과학 이론으로 설명 가능하다는 사실에 감탄하게
될 것이다.

033 슬기로운 게임생활

조형근 지음 | 288쪽

게임에 푹 빠진 청소년, 게임 때문에 자녀와의 관계가 나빠진
부모, 지난 밤 게임의 흔적으로 엎드려 자는 학생을 보며 한
숨 짓는 교사, 이 모두를 위한 디지털 시대의 게임×공부 지침
서. 프로게이머로 활약했던 조형근 선수가 본인의 경험담을
바탕으로 10대 청소년들에게 게임과 학교공부를 동시에 정복
할 수 있는 노하우를 들려준다.

꿈꾸는 도서관 추천도서
034 슬기로운 뉴스 읽기

강병철 지음 | 304쪽

하나의 기사가 어떤 경로를 거쳐 가짜뉴스로 둔갑하는지, 그
것을 만들고 퍼뜨리는 사람은 누구인지, 선량한 일반 시민들
은 그것들을 어떻게 읽고 이해하며 판독해야 하는지 꼼꼼하
게 짚어준다. 독자들은 이 책을 통해 범람하는 기사들 속에서
진짜와 가짜를 구별해낼 수 있는 지혜와 정보, 기사를 읽을
때 중시해야 할 점, 한눈에 가짜임을 알 수 있는 팁 등을 얻을
수 있다.

035 내 친구 존 스튜어트 밀

박홍규 지음 | 264쪽

저자 박홍규 교수는 존 스튜어트 밀의 〈자서전〉을 번역해서
국내에 소개한 장본인이다. 이 책은 EBS 강연 내용을 엮은 것
으로 한국인에게 잘 알려진 철학자 존 스튜어트 밀의 자서전
을 모두 10개의 장으로 나누어 그의 사상과 삶을 안내한다.
특히 그가 자신의 고유한 사상을 세워간 근본 철학은 무엇인
지, 젊은 시절 어떠한 고뇌를 통해 성장했는지, 어떤 사람들과
지적으로 교류했는지 등을 소개하는 데 초점을 맞췄다.

036 엑스맨, 내게 물리의 비밀을 알려줘

과학자 닥터 스코 지음 | 236쪽

'엑스맨 주식회사'의 개정증보판. 히어로 다섯 명의 초능력에
얽힌 비밀, 그들의 능력에서 유추해볼 수 있는 과학적인 사
실들을 물리학 편으로 모은 것이다. 현재 중고등학교 과학교
과 과정에서 어떤 부분과 연결되는지를 밝힌 '교과연계' 페
이지를 덧붙여 학교공부에 직접적인 도움이 되도록 새롭게 구
성했다.

슬기로운
언어생활